EDÍLSON LOPES

Escola de Vendas
K.L.A.

**COMO CONSTRUIR A MELHOR
EQUIPE DE VENDAS DO MUNDO**

Copyright© 2016 by KLA Educação Empresarial.
Todos os direitos desta edição são reservados à KLA Educação Empresarial.

Presidente:
Edílson Lopes

Capa, Projeto gráfico e diagramação
Candido de Castro Ferreira Jr.

Revisão:
Ivani Rezende

Impressão:
Rotermund

Comercialização e distribuição:
Editora Ser Mais (www.editorasermais.com.br)

Dados Internacionais de Catalogação na Publicação (CIP)
(Câmara Brasileira do Livro, SP, Brasil)

Lopes, Edílson
  Escola de Vendas K.L.A. : como construir a melhor equipe de vendas do mundo / Edílson Lopes. -- São Paulo : Editora Ser Mais, 2016.

  ISBN 978-85-63178-98-5

  1. Administração de vendas 2. Clientes - Contatos 3. Escola de Vendas K.L.A. (São Paulo, SP) 4. Liderança 5. Vendas e vendedores 6. Vendedores - Treinamento 7. Sucesso em negócios I. Título.

16-02376   CDD-658.81

Índices para catálogo sistemático:

1. Escola de Vendas K.L.A : Administração de
   vendas   658.81

KLA Educação Empresarial
Av. Cidade Jardim, 400 - 7º andar - Complexo Regus - São Paulo – SP - CEP 01454-000
Fone/fax: (0**11) 2717-8268
Site: www.grupokla.com.br

NOTA DO AUTOR:

O livro foi escrito com personagens e histórias fictícias. Esta foi a forma que encontrei para transmitir as ESTRATÉGIAS que ensinamos aos milhares de EMPRESÁRIOS, DIRETORES, LÍDERES e VENDEDORES na Escola de Vendas K.L.A.

Apresentação

EM 30 DE JANEIRO DE 2016, UM HOMEM APARENTANDO 40 ANOS, USANDO ÓCULOS DE GRAU, vestindo um terno de grife, desceu de uma BMW, às 09h30, no estacionamento do Hotel Golden Tulip, na região dos Jardins. Passou pela recepção, desceu as escadas e se apresentou para assistir a uma de nossas aulas, que começaria às 10h.

Entrou quieto, sentou-se na primeira cadeira e permaneceu ali, por duas horas. Fez inúmeras anotações durante a aula. Às 12h, ele saiu da sala para o intervalo. Calado, não falou com ninguém durante o *coffee break*. Durante a segunda parte do seminário, atendeu seu celular por três vezes. Saía da sala, falava e voltava. Cada vez que voltava, estava mais nervoso. Foi ficando nervoso a cada minuto que passava. Às 15h, o curso terminou. Todos saíram e ele ficou parado na cadeira. Olhava fixo para a tela. Permaneceu estático por cinco minutos.

— Posso ajudá-lo? — perguntei a ele.
— Gostaria de lhe falar algo.
— Sim. Fique à vontade! — respondi.

Ele se levantou, foi até a mesa, pegou um café, retornou e se sentou novamente na sua cadeira.

— Este curso foi barato. O que eu aprendi hoje valeu todo o investimento.

— Que ótimo! O que o senhor aprendeu de mais importante no dia de hoje?

Neste momento, o homem abriu a pasta, retirou seu bloco de anotações e mostrou-me uma frase que escreveu durante o curso: "A MAIORIA DOS GERENTES NÃO FORAM TREINADOS PARA LIDERAREM".

Ele retirou a caneta do bolso, fez um círculo em volta da frase com certa raiva. Levantou-se da cadeira, guardou seus pertences na pasta, colocou o celular no bolso, olhou nos meus olhos e disse:

— Nunca mais promoverei ninguém para um cargo de liderança na minha empresa, sem antes treiná-lo para ser um LÍDER. Promovi muita gente para cargos de Gerentes e, somente hoje, entendi que não basta promover uma pessoa, você tem que treiná-la para LIDERAR. Muito obrigado e até qualquer dia.

Saiu da sala, subiu as escadas até a recepção do hotel, pediu seu carro e partiu, sem nenhum comentário a mais.

Se você quer CONSTRUIR A MELHOR EQUIPE DE VENDAS DO MUNDO, terá que ser treinado e orientado. A maioria dos GERENTES não foram TREINADOS para Liderarem.

Um abraço.

Boa leitura!

Edílson Lopes

Sumário

Capítulo 1.........................p.9
Como recrutar os melhores vendedores para sua equipe

Capítulo 2.........................p.15
Como se tornar um mentor para sua equipe

Capítulo 3.........................p.21
Como treinar sua equipe de vendas

Capítulo 4.........................p.29
Construindo um líder visionário

Capítulo 5.........................p.35
Como avaliar seus vendedores

Capítulo 6.........................p.43
O poder da administração do tempo para um líder de vendas

Capítulo 7.........................p.51
Como criar estratégias para aumentar as vendas da sua equipe

Capítulo 8.........................p.57
Aprenda a colocar toda a empresa para vender

Capítulo 9.........................p.63
Como estabelecer campanhas e prêmios para seus vendedores

Capítulo 10.........................p.69
Como transformar a sua equipe em gigantes de vendas

Capítulo 11.........................p.75
Motivando sua equipe para resultados extraordinários

Capítulo 12.........................p.81
Inteligência estratégica: uma arma poderosa para sua equipe

Capítulo 13........................p.87
Prospecção: a chave para alavancar a sua equipe de vendas

Capítulo 14........................p.93
Autoconfiança: "a chave do sucesso para um líder de vendas"

Capítulo 15........................p.99
Como se tornar um líder-negociador

Capítulo 16........................p.105
Como estabelecer e definir as metas de vendas

Capítulo 17........................p.111
Aumente a credibilidade da sua empresa e venda mais

Capítulo 18........................p.117
Os segredos dos maiores líderes de vendas do mundo

Capítulo 19........................p.123
Como colocar sua equipe focada na conquista de novos clientes

Capítulo 20........................p.129
As atitudes dos grandes líderes de vendas

Capítulo 21........................p.137
Como colocar sua equipe focada no lucro

Capítulo 22........................p.143
Como liderar para construir uma máquina de vendas

Capítulo 23........................p.149
Comemorando as conquistas com a sua equipe

Capítulo 24........................p.153
A melhor forma de aprender é ensinar

Capítulo 25........................p.157
Conquistando o topo

Capítulo 1

Como recrutar os melhores vendedores para sua equipe

Capítulo 1

13 de julho de 2009. Victor Jones é chamado às pressas na sala da diretoria. Seu diretor, na época, Walter Johnson, faz uma pergunta:

— Você prefere que eu demita você ou aquele vendedor, que contratou cerca de 06 meses atrás, Paul Schmidt?

Victor ficou pasmo. Não poderia perder o emprego. Ser demitido naquela altura, seria um desastre. Então, disse ao seu diretor:

— Por que essa pergunta?

— Oras! O vendedor que você contratou está em ultimo lugar no quadro de vendas. Desde que ele entrou, praticamente nem se pagou, ou seja, somente está nos dando prejuízos. Além disso, chega atrasado nas reuniões. – respondeu o diretor.

— Peço desculpas! – disse Victor.

Walter pediu para ele se sentar e disse:

— Eu vou lhe ensinar uma coisa que aprendi muitos anos atrás sobre recrutamento de Vendedores. Aprendi que nunca devemos fazer um RECRUTAMENTO SOZINHO. Sempre devemos fazer um recrutamento junto a outros GERENTES. Fazer um RECRUTAMENTO DE VENDEDORES sozinho é o mesmo que jogar na LOTERIA.

Pronto! Esse ensinamento valeu para o resto da vida de Victor como Dirigente de Vendas. Sozinhos, jamais devemos fazer um RECRUTAMENTO. Precisamos ter a opinião de outros também.

A maioria dos Líderes, principalmente pequenos e médios Empresários, costumam fazer sozinhos os recrutamentos para sua Empresa. Dessa forma, correm SÉRIO RISCO de errarem. E, na maioria das vezes, erram.

Nunca faça isso! Peça AJUDA para outros Gerentes. Lembre-se de que não é POSSÍVEL ACERTAR TODAS AS VEZES.

Em uma tarde de café, Charles Schultz, grande gerente de vendas, disse que não dispensa a gravação que faz na DINÂMICA de recrutamento e seleção de vendedores. "Gravo em vídeo todas as dinâmicas que faço em um processo de recrutamento; depois, analiso com calma o vídeo junto a outros Gerentes".

Charles jamais deixava de gravar em vídeo uma dinâmica nas entrevistas para contratação de novos vendedores.

Você faz isso? Com certeza, é um GRANDE RECURSO para, analisar junto a outros Gerentes, o perfil de cada candidato.

Quer outra situação que ele disse no nosso café sobre seleção de vendedores? "Tenha perguntas-chaves na hora das entrevistas. Pergunte ao candidato quantos livros de vendas leu no último ano, qual foi o último treinamento de vendas que participou e o que aprendeu". São modelos de perguntas com as quais, com certeza, você terá condições de AVALIAR melhor o CANDIDATO.

Ele ainda acrescentou: "Jamais dispense uma entrevista por telefone com o candidato. É importante ouvir o tom da voz e a energia que o candidato passa por telefone".

Quer outra ESTRATÉGIA para utilizar na seleção de vendedores? Sabe como é feita a seleção de novos vendedores na NYC Cars, a Gigante do setor de Automóveis? Os campeões são quem escolhem os novos vendedores. Todo o processo de seleção é feito pelo R.H., porém a decisão final, as entrevistas finais, dinâmicas etc são feitas pelos próprios vendedores.

Se quer ser um GRANDE GESTOR DE VENDAS, coloque OS ME-

LHORES PARA RECRUTAREM OUTROS IGUAIS A ELES.

Sabe o que descobri quando visitei a NEW YORK PROPERTIES, a maior Imobiliária de Nova York? Lá não existe seleção de vendedores. Os vendedores atuais têm que indicar AMIGOS OU PARENTES para trabalharem juntos. O processo é 100% BASEADO EM INDICAÇÕES. Pense comigo: se você trabalhasse lá, indicaria alguém que não fosse do perfil? Claro que não. Por isso, o processo funciona. As pessoas indicam quem realmente tem o PERFIL DE QUE NECESSITAM.

Certa vez, fizeram-me a seguinte pergunta: "Você pede referências de todos que contrata?". Confesso que não pedia. Mas, a partir daquele dia, TODOS QUE CONTRATEI, PEDI REFERÊNCIAS PARA CHECAR.

Você faz isso? Seja qual for a situação, jamais coloque um vendedor novo na sua Equipe sem antes ligar e pedir referências para o ex-empregador. Há inúmeras histórias de contratações de vendedores, nas quais não foram pedidas as referências e que trouxeram enormes dores de cabeças para os empregadores.

Obrigue-se a pedir REFERÊNCIAS das contratações. Ligue você mesmo para o EX-EMPREGADOR e faça todo tipo de perguntas, mas nunca se esqueça de fazer uma pergunta-chave para o antigo empregador: "Se ele quisesse voltar, aceitaria?".

O antigo empregador é uma "fonte" que jamais deverá ser deixada de lado. É algo que tem que ser explorado, e não podemos deixar de fazer isso. PELA VOZ DO ANTIGO EMPREGADOR, É POSSÍVEL DETECTAR COMO ERA O COMPORTAMENTO DO VENDEDOR QUANDO TRABALHAVA LÁ.

A Revista Business & Sales, de New York, publicou uma material com o título: "OS SEGREDOS DE UM PROCESSO DE SELEÇÃO DE VENDEDORES". O que mais me chamou a atenção na matéria foram as duas colocações abaixo:

"é muito difícil ter um processo perfeito de recrutamento e seleção, mas você pode se blindar de possíveis dores de cabeça. Uma das formas de se BLINDAR é entrar em contato com o antigo empregador do seu próximo vendedor".

"não caia na tentação de fazer processos de seleção rápidos. Você está com URGÊNCIA para selecionar vendedores; esta pressão pode levá-lo a recrutar qualquer um e, quando você recruta sem um planejamento, fica exposto a todo tipo de situações devido à má seleção".

Quais ESTRATÉGIAS UTILIZA NA SELEÇÃO DE NOVOS VENDEDORES?

Independente das ESTRATÉGIAS, há algo que JAMAIS DEVERÁ ESCONDER de quem está entrevistando: NUNCA PROMETA GANHOS FABULOSOS. Isso é uma das maiores FALHAS DE UM GERENTE DE VENDAS. Nunca PROMETA NADA. Aliás, deixe CLARO PARA O CANDIDATO OS DESAFIOS DO SEU NEGÓCIO.

Lembre-se: ENCARE O DESAFIO DE FAZER UMA BOA CONTRATAÇÃO COMO O CAMINHO CERTO PARA CHEGAR AOS SEUS OBJETIVOS.

Capítulo 2

Como se tornar um mentor para sua equipe

Capítulo 2

Aeroporto JFK, em Nova York. Ben Watson desce do seu Falcon 50, um jato de última geração. Está voltando de Los Angeles, onde tem uma belíssima propriedade. É um Grande Empresário de Nova York, no ramo da construção civil. Tem uma fortuna que ultrapassa tranquilamente os 100 milhões de dólares.

Uma limousine o aguarda na saída do seu avião. O trajeto entre o aeroporto e seu escritório, no centro de Manhattan, leva em média 50 minutos. No caminho, passa pela região em que nasceu e praticamente cresceu sem recursos. Hoje ele vislumbra a paisagem, com ar de tranquilidade e prosperidade. Afinal, saiu de uma infância difícil para uma riqueza abundante.

Chegando ao seu escritório, vai direto para a sala, onde consta um quadro na parede com a seguinte frase: "UM LÍDER DEVE SER UMA FONTE DE BÊNÇÃOS PARA SUA EQUIPE".

Sua secretária entra na sala para servir um café e ele se dirige a ela:

— Mary, por favor, traga-me os relatórios de vendas desta semana.

Por um instante, ela saiu da sala, retornou com os relatórios e disse:

— Nosso vendedor de Oklahoma, Steve Peterson, mandou este bilhete.

— O que é? - perguntou.

— Abra e leia! – respondeu a secretária.

Para surpresa de Ben, no envelope havia um papel que estava escrito: "OBRIGADO POR EXISTIR! OBRIGADO POR TRANSFORMAR MINHA VIDA!".

O que mais Ben quereria ouvir de um vendedor?

No mesmo instante, ele disse a sua secretária:

— Por que ele escreveu isso?

— Com certeza, você tem sido uma verdadeira fonte de bênção para ele. Alguns entram aqui sem nada e constroem sua vida e são eternamente gratos. Muitos deles não tinham perspectiva alguma. Mas, depois que entraram aqui, mudaram completamente a vida, por isso são gratos a você.

Ben tem sido uma verdadeira fonte de bênçãos para todos os vendedores. Ele tem transformado seus vendedores em VERDADEIROS GIGANTES.

Você tem feito isso?

Na verdade, Ben tem sido um verdadeiro MENTOR para cada um da sua Equipe. GRANDES DIRETORES DE VENDAS estão sempre MENTOREANDO cada um da Equipe.

O que é um MENTOR? Veja agora a definição de MENTOR pelas palavras do próprio Matheus Gibson, o homem que, do zero, construiu uma fortuna de mais de UM BILHÃO DE DÓLARES:

"mentor é quem já chegou lá. É quem pode compartilhar seus conhecimentos. A obrigação de um Líder é passar seu conhecimento para a equipe".

"líderes de vendas têm que assumir o papel de mentor dos seus vendedores".

Quem você acha que mais pode ajudar a sua Equipe de vendas? Você mesmo! Não há outra pessoa. Somente você, que é o Líder, é que pode ajudar cada um da sua Equipe.

Uma das principais FALHAS dos Gerentes de Vendas é não assumir o papel de MENTOR. Já assumiu o seu? Está compartilhando seu conhecimento com a equipe?

Em um almoço de negócios com o Empresário Peter Macnamara, perguntei quais os segredos para um Diretor de Vendas se tornar um

MENTOR para sua Equipe.

— Peter, quais os segredos para um Gerente se tornar um Mentor para a Equipe dele?

— Há vários. Mas um é essencial. — respondeu.

— Qual?

— O maior desafio de um Líder de Vendas é programar sua EQUIPE para VENDER e não para TRABALHAR.

— Como assim? — perguntei.

— A maioria dos Vendedores está programada para trabalhar e não para VENDER. Muitos saem às ruas, sem a mínima noção se estão oferecendo o produto certo para a pessoa certa. Muitos saem por aí achando que ganhamos por trabalho. Na verdade, ganhamos por vendas.

— Pode me explicar melhor? — perguntei.

— Aprendi, desde cedo, três perguntas básicas que um Gerente de Vendas tem que fazer aos seus vendedores: Aonde você vai? Com quem vai falar? O que vai ofertar? Estas são três perguntas-chaves que um Gerente de Vendas tem que fazer aos seus vendedores. É o que chamo de colocar o Vendedor na "rota".

Ele ainda acrescentou:

— Muitos Gerentes colocam uma tabela de preços nas mãos dos vendedores e os enviam para visitarem clientes, sem a mínima noção de quem realmente tem interesse em comprar seus produtos.

Peter tinha toda razão. É incrível como muitos Gerentes somente pensam em colocar o vendedor para "trabalhar" e não para "vender".

Acerte a ROTA do seu VENDEDOR. Isso é um trabalho de MENTORIA. Não o deixe perder o tempo. Esse é o papel de um Líder de Vendas. Sua Equipe precisa do seu conhecimento. Essa é a verdadeira "função" de um Líder-Mentor.

Quer outra Estratégia de Mentoria para seus Vendedores? Veja o que o Grande Treinador de Vendedores Alan Kendall recomenda para os Gerentes de Vendas:

"há poucas empresas no mundo que têm um manual próprio de vendas que é entregue no ato da admissão para os novos vendedores. Um manual de vendas do produto ajudaria muito novos vendedores e também os vendedores atuais. Confesso que não entendo por que as empresas não fazem um manual de vendas".

A ideia de Alan é SENSACIONAL! Você tem um manual de vendas dos seus produtos? Isso ajudaria todos que estão chegando e também os veteranos.

Na verdade, as Empresas explicam para os NOVOS VENDEDORES como são seus produtos, procedimentos, normas etc. e se esquecem de ENSINAR COMO VENDER OS PRODUTOS.

Um MANUAL DE VENDAS ajudaria todo e qualquer vendedor. Acredito que 90% das Empresas não têm um MANUAL de vendas dos produtos.

Você quer conhecer outra forma de "mentorear" sua Equipe? Utilize os melhores vendedores para ensinar os novatos. Os melhores têm "conhecimento" do negócio e já "chegaram lá". Portanto, nada melhor que os mesmos para mentorearem o restante da equipe.

Phil Robson, famoso por seu programa SUPERVENDAS disse: "é impossível algum vendedor chegar ao topo sem ter recebido as orientações de um mentor".

Você, que é Líder de Vendas e está lendo o livro agora, está mentoreando alguém? Sua equipe de vendas está sendo mentoreada por você ou por outra pessoa?

Não deixe a sua Equipe sem um MENTOR. Você deve ser o MENTOR dela; em alguns momentos, outras pessoas também PODERÃO FAZER ESSE PAPEL.

A SUA MENTORIA LEVARÁ SUA EQUIPE AO TOPO!

Capítulo 3

Como treinar sua equipe de vendas

Capítulo 3

Como faço para construir um Império em Vendas? — perguntei para o milionário Bob Holmes.
— Treine, treine, treine e construirá um Império em Vendas! — respondeu.

Não há como pensar diferente. Se nunca parou para pensar, então PENSE. Para construir um Império em Vendas, terá que treinar sua Equipe todos os dias.

Se nunca deu atenção a Treinamento, então repare nas palavras de Paul Jones, dono da Cadeia de Lojas LIFE: "Não treinar seus Vendedores é a mesma coisa que ir nadar em um mar cheio de tubarões".

Ele ainda afirmou: "O Treinamento, quando bem-feito, além de ensinar, também motiva. Não tenha dúvida de que treinar não é somente passar técnicas, e sim motivar. A motivação é como comer, tem que ser todos os dias".

Conheci vendedores que aparentemente nunca aconteceriam, mas foram treinados, lapidados, moldados e, de uma hora para outra, evoluíram muito.

Tenha certeza de que TREINAR é também MOTIVAR. Tem gente que precisa ser motivada. O Vendedor pode ter as melhores técnicas de vendas do mundo, entender tudo do seu produto, mas se não estiver motivado para sair e vender, pode esquecer. Uma das melhores formas de se motivar uma Equipe de Vendas é através de Treinamento.

Vou repetir: TREINAR TAMBÉM É MOTIVAR.

Não caia na tentação de que Treinamento é somente para aprender a vender. Treinamento serve para mostrar às pessoas que é possível chegar lá.

Você pode estar perguntando: "Como faço para treinar minha Equipe de Vendas?"

Existe algo que poucas empresas utilizam: Os Campeões de Vendas, que são grande fonte de treinamento para os novos vendedores.

Eu nunca fui a uma Convenção de Vendas onde tivesse a Palestra do Campeão de Vendas da Empresa. Você já foi? Na sua Empresa, os Campeões são convidados a falar nas Convenções? Falam como conseguiram chegar lá?

"O Campeão de Vendas" é uma verdadeira "enciclopédia" de Treinamento, pouco ou nada utilizado.

Peça para o Campeão dar uma Palestra na próxima Convenção. Talvez você esteja pensando: "Mas o campeão não sabe dar Palestra." Oras, não é isso! O que você pode fazer é uma Entrevista com o Campeão no dia da Convenção. Pergunte a ele como faz para vender e quais as estratégias que utiliza. É importante todos ouvirem OS SEGREDOS DOS CAMPEÕES.

O "Campeão" tem muito para acrescentar para sua Equipe.

Um dos Técnicos de Futebol mais bem-sucedidos do mundo é Kenny Friedman, que praticamente passava o tempo todo à beira do gramado junto a sua Equipe. Se pudesse, ele entraria em campo para jogar junto.

Esteja em campo com seus vendedores. O Fato de você estar em campo agregará muito na carreira deles.

Conheci um Gerente de Vendas, que tinha dias "estabelecidos" para estar com a sua Equipe. Faça o mesmo!

Acompanhe sempre e, de preferência, os mais "fracos". O fato de estar com os mais fracos aumenta seu TAMANHO como Gerente.

O Grande Gerente de Vendas demonstra sua GRANDEZA pela forma como trata os vendedores PEQUENOS.

Eu também quero acompanhar somente os "campeões". Parece que os campeões têm menos problemas. Isso é verdade. Geralmente quem não está vendendo, está "cheio" de problemas, e é aí que você entra como Gerente.

Aproxime-se dos mais fracos. Não tenha medo. Geralmente, rejeitamos os mais fracos, pois nos "parecem" problemas. Você sabia que o fato de estar em campo não o aproxima somente dos seus vendedores? Também ficará próximo do mercado e dos seus clientes. Lembre-se de que, quando estamos na rua, descobrimos coisas novas do Mercado e dos clientes.

Você costuma estar em Campo com seus Vendedores? Estar com eles em "campo" também serve para TREINÁ-LOS.

Certa vez, John Island, grande Diretor de Vendas que tive, fez-me uma pergunta:

— Você gostaria que seu filho entrasse em uma Grande Universidade?

— Claro que sim. — respondi.

— Para ele entrar em uma grande faculdade, teria que ter uma boa escola e bom conhecimento. Para isso você teria que dar um bom ESTUDO a ele, concorda?

— Com certeza. — respondi.

Ele concluiu:

— É a mesma coisa com nossos Vendedores. Se queremos que se tornem CAMPEÕES, teremos que "alimentá-los" com CONHECIMENTO.

O recado do John era muito claro. Se queremos ter uma EQUIPE DE CAMPEÕES, teremos que dar CONHECIMENTO.

Ele ainda me disse que os Diretores e Gerentes de Vendas têm que assinar o máximo de Revistas relacionadas a Vendas, Lideranças, Estratégias etc, para que seus vendedores tenham acesso a esse tipo de CONHECIMENTO.

Lembro-me de que, no final do nosso diálogo, ele ainda perguntou:

— Quantas revistas você assina para sua Equipe ler?

Confesso que no dia falei "nenhuma". Ele ainda me deu uma bronca sobre o FATO DE NÃO ESTAR ALIMENTANDO A MINHA EQUIPE COM CONHECIMENTO.

É função de um Líder de Vendas alimentar sua Equipe com CONHECIMENTO.

Temos a obrigação, como mentor, de dar o MELHOR CONHECI-

MENTO para nossa Equipe.

Domain Books, uma das maiores empresas de vendas diretas do mundo, sabe que o conhecimento é ESSENCIAL para seus vendedores. Eles criaram algo que serve de modelo para muita gente, o CLUBE DA LEITURA dentro da Empresa.

A empresa compra livros e os vendedores fazem revezamento entre eles. Mas o mais importante é que cada vendedor tem que fazer um RESUMO DO LIVRO QUE LEU. Todos os vendedores são desafiados a fazerem um RESUMO dos livros que leram.

Jim Sugar, dono de uma das maiores Cadeias de Farmácias do Mundo, disse, em uma entrevista para a Revista PEOPLE OF THE SUCCESS, que o sucesso do seu negócio vinha dos Treinamentos constantes que eram realizados dentro da empresa.

Treinamento é ALGO que Jim não abre mão! Utiliza um RECURSO que todos deveriam utilizar: uma FILMOTECA em cada PONTO DE VENDA, com uma COLEÇÃO INCRÍVEL de vídeos de Treinamentos.

Segundo ele, "Não há uma semana que os meus vendedores ficam sem assistir a um filme de vendas ou motivação"; "Meus vendedores têm um verdadeiro arsenal de filmes que devem ser assistidos pelo menos uma vez por semana"; "Jamais um vendedor do nosso time fica mais do que uma semana sem assistir a um vídeo".

O que você acha dessas ideias de um multimilionário como Jim? Será que funcionam?

Eis a resposta, nas palavras dele: "Treinamento é um alimento. Todos necessitam de treinamento, desde o porteiro ao presidente. Depois que focamos em treinamento, nosso faturamento aumentou em 30%. Pena que não apliquei isso antes na minha empresa; hoje estaria mais rico do que estou".

Participei de uma Conferência de Vendas em um Resort na Cidade de Cancun e fiquei impressionado com a dica que Raul Salinas, Diretor da maior empresa de locação de carros do México, passou para todos nós. Ele disse que convidava Empresários, Executivos, Diretores e Grandes Vendedores para falar para sua Equipe a cada 30 dias. Isso mesmo! Convidava as pessoas bem-sucedidas da sua cidade, as quais iam, de bom coração, falar para sua Equipe de Vendas.

O raciocínio dele era simples. Convidava pessoas que, além de não cobrarem nada, passavam experiências para a Equipe dele.

Fiquei tão impressionado com a dica que resolvi um dia visitá-lo em Monterrey, a segunda maior cidade do México.

Tive a grata surpresa de chegar justamente em um dia que um dos convidados se apresentaria. O convidado, nada mais nada menos, era o maior Vendedor de Imóveis da Cidade de Monterrey. Sua apresentação foi brilhante e os vendedores de Raul Salinas aplaudiram de pé.

Você já convidou alguém para falar para sua Equipe de Vendas? Já convidou alguém para compartilhar as experiências? Tenha certeza de que, de cada 10 convites, 70% aceitarão e não cobrarão por isso. ELES QUEREM SOMENTE SER RECONHECIDOS E FALAR DAS SUAS EXPERIÊNCIAS.

Você sabe qual foi o fator que impulsionou as vendas da Rede de Livrarias Star Books, nos Estados Unidos?

O Presidente da Rede, Lionel Bruner, fez algo que a maioria dos Presidentes não teria coragem de fazer. Simplesmente trocou o cargo de todos os Gerentes de Vendas para Treinador de Vendedores. Isso mesmo! Não há mais Gerentes de Vendas na cadeia deles, e sim "Treinador de Vendedores".

Qual o grande segredo disso? É muito simples! Todos os Gerentes, a partir daquele dia, teriam que colocar o FOCO em TREINAR SEUS VENDEDORES, nada além disso.

TREINAMENTO era o FOCO que o Presidente Lionel Bruner queria naquele momento. Por várias vezes, ele sempre comentou em entrevistas que o foco já não seria a MARCA, PRODUTOS ou outro tipo de coisa, e sim TREINAR TODOS NA EMPRESA.

Quando os Gerentes saem da condição de Gerentes e viram TREINADORES DE VENDEDORES, automaticamente terão que TREINAR. Isso mesmo! TREINAR é a palavra de ORDEM.

Se você é Gestor, Diretor ou Gerente, tente mudar seu CARGO. Coloque — TREINADOR — e perceberá que sua função daqui para frente é simplesmente TREINAR.

Não há CAMPEÃO DE VENDAS ALGUM que não tenha sido treinado por um líder de vendas! Treine-os!

Capítulo 4
Construindo um líder visionário

Capítulo 4

No dia 05 de julho de 2007, um Grupo de quinze dos mais renomados CONSULTORES dos Estados Unidos reuniram-se no Hotel Gran Hyatt, em Nova York, a fim de discutir qual seria o melhor perfil de liderança para comandar uma equipe de vendas.

As discussões se estenderam o dia todo, a fim de escolherem o melhor PERFIL para liderar EQUIPES e EMPRESAS. No final do dia, chegaram à seguinte conclusão: "NÃO HÁ UM PERFIL IDEAL PARA LIDERAR UMA EQUIPE DE VENDAS".

Perceberam que não existe um perfil ideal. O que descobriram é que o perfil ideal é o que dá RESULTADO! Isso mesmo: RESULTADO!

Sem resultado, é IMPOSSÍVEL FALAR EM LIDERANÇA DE ALTA PERFORMANCE.

A Revista People and Business publicou um material de cinco páginas em que descrevia o perfil de todos os líderes de vendas de sucesso. Não havia perfil igual, a única característica predominante em todos era que gostavam de DESAFIOS.

Você gosta de DESAFIOS? Não há como LIDERAR sem ENCARAR DESAFIOS. Quer Liderar mesmo? Então, sinta-se DESAFIADO a todo instante. Qual você acha que é um dos MAIORES DESAFIOS de um Vendedor quando é promovido para GERENTE DE VENDAS?

Com certeza, um dos MAIORES DESAFIOS é não se AFASTAR dos CLIENTES. Muitos vendedores, quando são PROMOVIDOS, esquecem-se dos clientes.

Quando Victor Meyer assumiu sua primeira equipe de vendas, na Rede de Hotéis Best Day, caiu nesse erro comum para todos. "Quando fui promovido, coloquei minha vida na minha mesa de trabalho". "Afastei-me completamente do campo. Achei que a minha vida fosse somente minha mesa. Ficava o dia todo com vendedores, com outros gerentes, conversando etc. e não visitava clientes com ninguém da minha equipe. Esqueci-me completamente de estar na cara dos clientes".

Victor cometeu o mesmo erro que muitos vendedores cometem quando são promovidos. Sentiu na pele a "dor", quando um dos seus Diretores chamou-o para uma reunião e perguntou: "Há quanto tempo você não visita um cliente?". "Na hora, senti uma dor. Senti como se uma faca estivesse atravessando meu peito. Afinal, nada mais nada menos que o meu diretor é que havia feito a pergunta. O mais difícil foi falar que não visitava um cliente há seis meses". "Foi horrível dizer ao meu Diretor que, depois que fui promovido a gerente, nunca mais visitei um cliente".

Igual ao Victor, há milhares de Gerentes por todo mundo, que se afastaram dos clientes depois que ganharam uma mesa e um cartão de visitas escrito: Gerente de Vendas.

Quer outro caso? Ana Bittencourt, hoje Diretora Comercial de uma grande rede atacadista de alimentos, disse que sentiu na pele o fato de não estar em campo com seus vendedores. "Comecei a me sentir mal pelo fato de não estar à frente dos clientes. Após 60 dias da minha promoção para Gerente, tomei uma atitude e voltei em campo para acompanhar minhas vendedoras". Poucos Gerentes de Vendas do Mundo entendem que o fato de estar em campo não é somente para vender e sim para verificar, principalmente o MERCADO, CLIENTES, CONCORRENTES etc.

Quando um GERENTE está constantemente em campo, começa a criar o PODER DA ANTECIPAÇÃO. O que é isso? Descobrir ESTRATÉGIAS OU DECISÕES que não podem mais esperar.

Estando em CAMPO, um GERENTE começa a enxergar informações que somente os VENDEDORES lhe traziam. Em campo, o Gerente enxerga tudo de outra forma.

Sabe qual é outra vantagem dessa "visão" que o Gerente tem quando está em campo? Planejar o futuro. Uma ótima oportunidade para planejar as ESTRATÉGIAS FUTURAS é estar em campo.

Você está em campo? O que o impede de estar mais em campo?

O Campo dará UMA NOÇÃO das ESTRATÉGIAS. Mas, para colocar tudo em PRÁTICA, precisará exercer sua LIDERANÇA.

Um dos homens que mais me impressionaram no campo de vendas foi Michael Kolling, um exímio Gerente e um grande líder.

Num café no belíssimo Hotel Sheraton, na cidade de Los Angeles, o mesmo foi direto ao ponto em relação à Liderança. Perguntei a ele:

— Qual é o papel principal de um Líder no comando de uma Equipe de Vendas?

Ele pensou e respondeu:

— O problema é que a maior parte dos Gerentes não foi treinada para ser Líder. Este é um grande problema. Eles não foram treinados para liderar.

— Como assim? – perguntei.

— As Empresas acham que é somente promover um Gerente e pronto. Não é bem assim! Ser Gerente é uma coisa; liderar é outra coisa diferente. Os Gerentes necessitam ser capacitados para comandar pessoas e estratégias.

Michael disse-me a última frase, quase com "sangue" nos olhos, tamanha era sua preocupação em relação a isso. "Na verdade, os Gerentes não aprendem Liderança; em 70% dos casos, também não querem aprender.

Se eu perguntasse agora para os leitores, que são Gerentes, quantos já fizeram um Treinamento para ser Líder, poucos responderiam que sim. Para LIDERAR, você precisa definir URGENTE: "quem é seu mentor?". Já vimos, em capítulos anteriores, que você deverá ser o mentor dos seus vendedores, porém não pode ficar sem um mentor. Não ande sem um MENTOR.

Com quem você está aprendendo Liderança? Quem está o ajudando?

Quando Karen Montgomery assumiu a Gerência de Vendas da School of Business NYC, viu-se diante de um dilema: comandar pessoas sem estar preparada. Hoje ela comanda pessoas pelos Estados Unidos. A entrevista que concedeu para uma Revista de Liderança deveria ser mostrada para milhares de Gerentes em todo mundo.

"Eu não sabia o que fazer quando assumi a minha primeira gerência. Fiz duas coisas que me ajudaram muito. Primeiro, comprei o máximo de livros e DVDs sobre liderança. Depois, busquei meu mentor e pessoas que poderiam me ajudar. Isso fez a diferença na minha carreira".

Observe os dois caminhos que ela dá. Procurar um mentor e procurar material com conteúdo de liderança.

Essa é uma ATITUDE de quem quer ser um LÍDER, pois dará AUTOCONFIANÇA acima da Média para os Gerentes.

Na única vez que estive em Joanesburgo, na África do Sul, fui participar de um Encontro de Líderes de Vendas. Mais do que um encontro, aquilo era uma constante troca de informações entre os participantes. O tema que mais conversamos foi sobre o LÍDER VISIONÁRIO.

No meio do encontro, um Diretor de Vendas de uma Empresa australiana fez uma pergunta ao grupo:

— Vocês são Líderes Visionários?

A maioria ficou quieta.

Ele complementou.

— A sua Equipe de Vendas sabe onde está e aonde quer chegar? Vocês têm que passar sua VISÃO para sua Equipe de Vendas. Ela têm que entender aonde poderão chegar. Este é o segredo de um LÍDER VISIONÁRIO.

Confesso que, quando retornei desse encontro, fiquei com o assunto na minha cabeça por vários dias.

Pesquisei inúmeras revistas e livros sobre o assunto. Mesmo assim, não me conformei e fui atrás de Bob Nelson, famoso consultor de Liderança, que hoje vive confortavelmente em Nova York.

Em um rápido contato via fone com nossa Equipe, ele nos transmitiu a mensagem do que é um líder visionário, em apenas três frases: "Olhos todos os líderes têm. Visão somente alguns têm". "Sua equipe necessitará da sua visão e não dos seus olhos". "As pessoas não seguem o líder, seguem a visão dele".

Essas frases traduzem tudo o que é ser um LÍDER VISIONÁRIO.

Capítulo 5

Como avaliar seus vendedores

Capítulo 5

Eram quase 17h de uma quarta-feira, quando a secretária de Mark Steel, dono da maior rede de revendas de carros dos Estados Unidos, invadiu seu escritório e disse:

— Sinto incomodá-lo, Mark, mas um dos seus Gerentes de Vendas quer vê-lo agora. É possível?

— Você sabe qual é o assunto? — perguntou Mark.

— Não sei. Ele quer falar com você ainda hoje. — respondeu a secretária.

— Então, deixe-o entrar.

Recebeu calorosamente um dos seus gerentes de vendas. Pediu para ele sentar-se e falar o que estava acontecendo.

— Mark, sinto incomodá-lo agora no final do dia, porém estou tendo dificuldade em fazer avaliações dos meus vendedores. Você pode me ajudar?

— Sim. Estou à disposição! — respondeu.

— Não consigo fazer avaliações dos meus vendedores. Todas as vezes que sento para fazer uma avaliação, sinto que há um mal-estar entre mim e o gerente. Sinto que não estou utilizando a metodologia correta.

Mark retirou da sua gaveta um caderno e mostrou para seu Gerente três anotações em uma das folhas.

A primeira anotação dizia: "Ninguém chega pronto para os Líderes. Nossa função é ajustar todos que estão conosco. Faz parte do dia a dia de um Líder de Vendas ajustar as pessoas".

A segunda anotação dizia: "Encare seus vendedores como seus aliados. Eles o ajudarão a chegar ao topo. Sem aliados, é impossível chegar ao topo".

A terceira e última anotação era a mais importante: "O grande segredo é virar o jogo e fazer o vendedor entender que é aliado dele nas conquistas dos objetivos".

Estava aí o segredo. O último e terceiro tópico era o mais importante de todos. O grande desafio é fazermos nosso vendedor entender que o sentido da avaliação é ajustarmos a rota para ele conseguir o que quer. Isso mesmo! O vendedor tem que entender que os Líderes estão ali para ajudá-lo a chegar ao objetivo final.

Imagine quantas reuniões de avaliação poderiam ser diferentes se o Gerente se colocasse como aliado do vendedor? Pense em como as coisas seriam mais fáceis se o Líder entendesse isso e o subordinado também? Os dois estão juntos na busca por um objetivo. Somente isso, nada mais.

Por que então, para alguns, as avaliações são algo terrível? Justamente porque não pensam dessa forma.

Tive o prazer de ter tido como Líder John Gonzales. Em todas as reuniões de avaliação, ele começava da seguinte forma: "Estamos juntos aqui somente para alinharmos algumas coisas a fim de você conquistar seus objetivos. Portanto, diga-me quais são suas maiores dificuldades".

Percebe que começava a avaliação dizendo que era meu aliado na busca dos meus objetivos e não dos dele. Era um INÍCIO PERFEITO DE REUNIÃO DE AVALIAÇÃO. Você age dessa forma? Começa assim a reunião de avaliação com seus vendedores?

Quando sera a próxima avaliação que fará com sua EQUIPE DE VENDAS? Que tal começar dessa forma? Mostre que você é o "parceiro" ideal para levá-los ao topo.

Ninguém gosta de ser avaliado por seu chefe. Nem eu, nem você e nosso Esquadrão de Vendas. Por que alguns dirigentes de vendas, em uma reunião de avaliação, pensam somente em CRITICAR um vendedor? Por que isso acontece?

Vá "desarmado" para uma reunião de avaliação com seus vendedores. Antes de mais nada, lembre-se de que ele "trabalha" para você e você "trabalha" para ele, ou seja, não há um parceiro melhor nem para você nem para ele.

Roger Martin ficou famoso nos Estados Unidos por ter criado uma das maiores Empresas de Vendas de Seguros de Vida. Ele sempre teve FOCO 100% no seu quadro de vendas. Jamais se descuidou um dia sequer dos seus vendedores. Quando foi entrevistado para uma Revista de negócios, a repórter perguntou com que frequência avaliava seus vendedores.

Sua resposta foi clara e objetiva: "Fazemos reuniões de avaliações trimestralmente. A cada 90 dias, todos os Gerentes têm uma conversa individual com cada um dos nossos vendedores".

Seria esse o prazo ideal para avaliar os vendedores? Não vamos chegar nunca à conclusão. Mas, com certeza, estar à frente de cada vendedor de 90 em 90 dias é uma forma segura de avaliar a equipe.

No dia 27 de julho de 2001, foi publicada em um jornal canadense uma pesquisa sobre quais assuntos deveriam ser tratados na avaliação com vendedores. Vários assuntos foram levantados, mas há alguns que têm que se prestar atenção. Um dos assuntos que mais ganharam repercussão foi o CONHECIMENTO que o vendedor tem que ter sobre o produto que vende.

Há milhares de vendedores nas ruas sem ter CONHECIMENTO do produto que vende. Inúmeros vendedores fracassam pelo fato de não conhecerem o produto. Alguns vendedores julgam conhecer o produto, mas na prática é outra coisa.

Sua Equipe de Vendas conhece o produto que vende? Seus vendedores sabem os benefícios que seu produto ou serviço proporciona para quem os COMPRA?

Faça o *check-up* na próxima avaliação com seus vendedores e descobrirá que muitos não conhecem o SUFICIENTE dos produtos que vendem.

Steve Spencer, conhecido como um dos maiores autores de Livros de Vendas do Mundo, deixou claro, para todos os Dirigentes de Vendas, que há vários assuntos a serem abordados em uma reunião de avaliação, mas alertou que há um assunto que jamais deve ser deixado de lado em uma avaliação: "LUCRO".

O LUCRO é muito importante nas organizações. Então, por que fica de fora nas AVALIAÇÕES com vendedores? Você fala sobre LUCROS com seus Vendedores?

Lembre-se de que o que MATA uma Empresa não é a falta de vendas, e sim a falta de lucros. O lucro começa na MENTE do Líder. Se o LÍDER NÃO PENSAR EM LUCRO, NINGUÉM PENSARÁ. Você pensa em LUCRO?

Há VENDEDORES que não se preocupam com a saúde financeira da EMPRESA. Querem SOMENTE VENDER. Claro que tem que vender, mas vender com LUCRO.

Muitos americanos se lembram da quebra da Empresa Business LA, considerada a maior empresa de móveis de Escritórios nos Estados Unidos na época. Por que ela quebrou? Vários são os motivos, mas o que me chamou atenção foi o fato dos vendedores darem muitos DESCONTOS para todos os clientes que entravam para comprar. A ordem ali era vender e não ter LUCRO. E a ordem na sua empresa, qual é: VENDER ou TER LUCRO?

Não há momento melhor que, nas reuniões de avaliação, para abordar o tema. Verifique se realmente seu vendedor pensa em Lucro ou se está preocupado com descontos.

Quer outro ponto pouco abordado nas avaliações? Os VALORES da Empresa. Poucos Líderes abordam esse ponto nas avaliações. Seus vendedores precisam conhecer os VALORES e os PRINCÍPIOS QUE REGEM SUA EMPRESA.

Em um almoço de negócios que tive com Billy Adans, grande executivo na área de vendas, abordamos esses pontos.

Billy disse:

— É impressionante como muitas Empresas não têm os VALORES/PRINCÍPIOS que as regem. Agora, o mais importante é que, as que têm isso, não deixam claro para seus vendedores.

Ele ainda completou:

— Em uma avaliação com o vendedor, o Líder tem que recapitular isso. Não adianta falarmos de técnicas de vendas, fechamentos etc, se esquecermos o principal: PRINCÍPIOS E VALORES DA NOSSA EMPRESA.

Perguntei a ele o porquê das empresas não terem seus PRINCÍPIOS E VALORES. Respondeu de forma objetiva e clara:

— As empresas não têm a carta de princípios e valores, porque o LÍDER não se preocupa com isso. A partir do momento que o Líder se preocupar, toda a empresa se preocupará e, consequentemente, todos os vendedores se preocuparão.

Ele estava completamente correto em nossa reunião. Muitas empresas não têm a carta de princípios e valores.

Remexendo as gavetas do meu escritório, achei um documento com mais de 20 anos, o qual se referia a uma das companhias que havia trabalhado. Para minha surpresa, era uma das avaliações que meu chefe havia aplicado naquela época.

A avaliação não era em nenhum impresso padrão, era simplesmente em uma folha comum de papel, mas estava tudo registrado de próprio punho por ele. No final, havia minha assinatura e a dele também.

Aquele Diretor registrava todas as avaliações. Não era somente um "bate-papo", e sim uma reunião onde tudo era registrado para que, na próxima, pudéssemos relembrar em que teria que melhorar.

Registre tudo. Você faz isso? Você tem um REGISTRO individual das reuniões com cada vendedor?

Você precisa registrar para ver a EVOLUÇÃO de cada um. Descobrir quem tem talento para crescer na organização e quem tem TALENTO para ficar no seu lugar.

Você quer sair do lugar onde está? Então, prepare seu sucessor! QUEM VOCÊ ESTÁ PREPARANDO PARA FICAR NO SEU LUGAR?

Esta é sua missão: preparar seu sucessor.

AS AVALIAÇÕES O AJUDARÃO A PREPARAR O SEU SUCESSOR.

Capítulo 6

O poder da administração do tempo para um líder de vendas

Capítulo 6

Por que não administra melhor o seu TEMPO? O que acha de conhecer técnicas mais eficazes no seu dia a dia?
Você sabe qual é a REGRA número um para um líder de vendas administrar melhor o tempo dele? Ter consciência de que o tempo dele é para VENDER! Isso é o mais difícil!

Já parou para pensar que há inúmeros cursos e seminários sobre administração do tempo? O que tem que ENTENDER é que seu tempo é para fazer NEGÓCIOS, GANHAR DINHEIRO.

Você está utilizando seu tempo para GERAR NEGÓCIOS?

Stephanie Jimenez, a ponderosa chefona de uma Grande Empresa de Cosméticos, disse que o segredo do seu sucesso é a ADMINISTRAÇÃO DO TEMPO.

Ela começou como auxiliar administrativa e chegou à Presidente da poderosa corporação que atua no mundo todo; e sempre deixou claro que a ADMINISTRAÇÃO DO TEMPO é o que a levou ao TOPO.

Afinal, qual o segredo dela? Ela mesma comentou em um debate com executivos numa rede de TV nos Estados Unidos: "Muitos Líderes perdem tempo com assuntos burocráticos, pelo simples de fato de ficarem com a consciência tranquila no final do dia, dizendo que trabalharam muito. Na verdade, trabalharam muito, mas para resolverem assuntos operacionais e não estratégicos". "Não é aceitável que o Líder resolva assuntos operacionais na maior parte do tempo dele. Acho que falta a consciência do Líder em saber que o tempo dele é para gerar negócios".

Uma vez estava em um jantar de negócios em Nova York, quando o bilionário Alfred Ferguson disse uma frase que deveria estar gravada nas PAREDES dos Líderes de Negócios do mundo todo: "Administrar bem o tempo é ter GENTE COMPETENTE trabalhando para você". Pronto! Essa é a chave da administração do tempo para Diretores.

Você tem gente competente trabalhando para você? Não há como um Líder administrar bem o tempo se não tiver gente competente trabalhando para ele.

A primeira coisa que temos que verificar é se as pessoas que nos rodeiam realmente são competentes. Caso contrário, continuaremos a trabalhar operacional e não estrategicamente.

Aprenda a DELEGAR. Porém, aprenda a DELEGAR para quem realmente é competente. Não adianta DELEGAR para quem não é competente, por isso é necessário detectar quem é ou não competente na sua Equipe.

Acho que não há definição melhor sobre TEMPO do que a dada por Steve Nelson, dirigente de um grande banco em Manhattan: "Os líderes precisam ter tempo para pensar".

Steve Nelson costuma retirar sua Equipe para um hotel afastado da cidade, a fim de ter tempo para pensar. Ele não encara isso como despesa, e sim como investimento. Acredita que as pessoas, fora do local de trabalho, pensam melhor.

Tive a oportunidade de conhecê-lo pessoalmente e conversamos sobre o assunto:

— Steve, qual é seu segredo e da sua Equipe? - perguntei.

— Acho que o grande segredo é obrigar minha equipe a pensar.

— Como você faz isso?

— Retiro minha equipe da Empresa, pelo menos uma vez por mês. Neste dia, levo-a para um hotel longe do nosso escritório. Passamos o dia inteiro revendo estratégias, metas e planejando o futuro. Vamos com roupas leves e descontraídas. Aconselho, a qualquer Diretor, trabalhar com sua Equipe pelo menos um dia por mês fora do ambiente de trabalho. O resultado é sensacional!

— Há quanto tempo você faz isso? – perguntei.

— Fazemos isto há pelo menos quatro anos. Sem dúvida, é um dos melhores investimentos que fiz.

Fiz minha última pergunta:

— Por que resolveu implantar isso?

— Implantei após perceber que minha equipe, em várias reuniões que fazíamos longe do nosso escritório, tinha melhores ideias e melhores estratégias. Não há como ter grandes ideias dentro do nosso ambiente de trabalho. Aconselho a todos os diretores a fazerem isso também.

Quer outro exemplo? Michael Montgomery, dono da Cadeia de Lojas Montgomery, disse que o mais difícil de um Líder é pensar.

"Pensar não é para qualquer um, por isso tenho que sair do meu escritório".

"Pensar é algo estratégico e deve ser feito pela liderança". "Pensar é obrigação de todo e qualquer líder mas, aviso, não é para qualquer um".

Você costuma sair do escritório com sua Equipe? Costuma se reunir em algum lugar afastado do ambiente de trabalho a fim de ter mais tempo para pensar? Tente experimentar uma vez. Com certeza, utilizará sempre esta estratégia.

Uma das orientações mais antigas no mundo empresarial em relação à administração do tempo é o Líder colocar hora para começar e terminar uma reunião. Esse é um velho ensinamento, porém eficaz e esquecido nos dias de hoje.

Alguns Líderes acabam se tornando verdadeiros "reféns" do ambiente que trabalham. Muitos não conseguem dizer "não" para os assuntos os quais desviam a atenção dele. Alguns perdem tempo com assuntos que poderiam ser resolvidos por alguém da sua Equipe. Fuja de assuntos que "roubam" seu tempo. Seja mais "seletivo" nos assuntos do dia a dia.

No momento que escrevo este capítulo, olho para minha mesa e vejo um artigo que saiu recentemente na BUSINESS MAGAZINE sobre administração do tempo.

O Artigo diz que uma das maiores dificuldades de um Diretor é PLANEJAR O DIA SEGUINTE. Muitos não trabalham PLANEJANDO o dia seguinte com antecedência. O artigo explica que, se o Líder PLANEJAR o dia seguinte, ganhará mais eficácia na solução das tarefas. Comece a partir de amanhã e verá que seus dias serão mais produtivos.

Scarlet Philips, uma grande executiva na área tecnológica, sempre disse que "planejar o dia seguinte" é sair na frente dos concorrentes. Em sua coluna quinzenal, em uma grande revista de negócios, sempre dá dicas sobre planejar o dia seguinte e alerta o Líder de planejar e, se possível, ajudar os vendedores a planejarem seus dias também.

"Ajudar os vendedores a administrarem o tempo também é função do Líder".

"O líder tem que tomar cuidado com o excesso de reuniões ou excesso de relatórios".

"A função de um líder é deixar a equipe de vendas produtiva". Certa vez, ela escreveu um artigo intitulado "Todos temos problemas particulares para resolver", em que explicava que é função do Líder de vendas entender que os vendedores precisam resolver seus problemas particulares. Agora, a dica que ela deu vale para todos os que têm equipes:

"Nunca deixe seu vendedor resolver os problemas dele um pouco por dia. Pergunte ao vendedor quantos dias ele necessita para resolver determinado assunto. Dessa forma, o vendedor se empenhará dentro do prazo que ele mesmo solicitou".

Experimente fazer isso uma única vez. Chegue para seu vendedor e pergunte: "Quantos dias você quer para resolver o problema que mais está incomodando?". A partir do momento que o vendedor estipula os dias, se cobrará pela solução.

Pense no desconforto que é um vendedor chegando tarde todos os dias ou se ausentando para resolver um problema. Nossa função como Dirigente é ajudá-lo a resolver o mais rápido possível.

Você sabia que a maioria dos Vendedores "escondem" os problemas dos seus superiores. Cabe ao Líder aproximar-se dos vendedores, verificar quem tem algum problema sério e tentar resolver o mais rápido possível. Ajude seus VENDEDORES A ADMINISTRAREM O TEMPO DELES TAMBÉM.

Lembre-se de que o DIFÍCIL é PENSAR. Para pensar, você terá que ADMINISTRAR MUITO BEM SEU TEMPO.

Capítulo 7

Como criar estratégias para aumentar as vendas da sua equipe

Capítulo 7

Numa noite do mês de maio de 2014, o Diretor de Vendas de uma grande imobiliária, em Los Angeles, Michael Jobs perdeu o sono porque suas vendas não iam bem. Por volta das três da manhã, ele acordou e não dormiu mais, pelo fato de não estar satisfeito com os números que vinha demonstrando.

Quando chegou ao escritório na manhã seguinte, ligou para o seu superior em Londres, informando que não havia dormido bem, e os resultados estavam tirando seu sono.

Eles ficaram mais de uma hora ao telefone. Quando desligaram, não haviam tomado decisão alguma que pudesse mudar o cenário.

Michael sabia que tinha que mudar algo. Sabia que não poderia somente cobrar seus vendedores. Ficava cobrando vendas o dia todo. Não havia dúvida de que algo teria que ser mudado.

A decisão que tomou foi ir a Londres e falar com seu superior.

O encontro mudaria a vida de Michael, como Líder de Vendas.

Durante o almoço, seu chefe disse: "A maioria dos Diretores de Vendas querem delegar ESTRATÉGIAS. Isso é um ERRO GRAVÍSSIMO. Os Diretores acham que os vendedores têm que pensar em ESTRATÉGIAS e, na verdade, quem tem que pensar em estratégias são os LÍDERES".

As palavras do seu chefe o impressionaram: "Jamais delegue ESTRATÉGIAS. Não queira achar que a função de um Líder é entregar a tabela de preços para os vendedores e sair cobrando os mesmos". Michael descobriu o erro que estava cometendo, ou seja, cobrava os VENDEDORES, mas não contribuía com nenhuma ESTRATÉGIA para ajudá-los. Achava que a vida de um Líder era somente cobrar resultados e não é.

Muitos Líderes se afastam de Estratégias e acham que a Equipe é que cria estratégias novas. Puro engano!

Pense em um jogo de futebol que está zero a zero. Alguém precisa ter uma "luz", uma IDEIA para virar o jogo.

Você tem pensado em novas Estratégias para alavancar seus negócios?

Mark Benitez é diretor de uma multinacional canadense e teve uma ideia para ajudar seus vendedores. Contratou uma pessoa para dar apoio à sua Equipe de Vendas.

"É incrível como não havia pensado nisso antes. Contratei uma pessoa para dar apoio aos vendedores. Ela marca entrevistas, atualiza a base de dados, enfim dá total apoio a minha equipe de vendas". "No começo muitos acharam que seria um gasto a mais na empresa, e não foi, pois a pessoa que contratei ajudou e muito os vendedores".

Essas são ideias que têm que sair da cabeça do Líder de Vendas. Lembre-se de que, quando as vendas não estão bem, a responsabilidade é do Comandante. Temos que pensar em estratégias e pessoas.

Quer outra estratégia para implantar amanhã? Troque imediatamente de mãos a carteira dos clientes. Faça um RODÍZIO da carteira de clientes.

Há vendedores que se acomodam com certos tipos de clientes; assim como há vendedores que se tornam reféns de determinados tipos de clientes. Alguns vendedores já não têm a mesma energia em cima de alguns clientes, pelo simples fato de já estarem com o cliente algum tempo. Mude esse JOGO. Faça um rodízio da carteira de clientes ou troque os vendedores de região.

Em uma entrevista para uma importante revista do setor de Turismo, o Presidente da Cadeia de Navios Prince Tur deixou claro esse tipo de estratégia.

"Nossos representantes não ficam mais do que um ano com a mesma carteira de clientes. Já constatamos que, a partir desse tempo, muitos começam a se acomodar. Por isso, fazemos o rodízio".

"Também temos uma estratégia que funciona bem, que é adequar o perfil do vendedor de acordo com o perfil da carteira. Há vendedores que têm determinado perfil, que combina com clientes que têm o mesmo perfil".

Veja que são atitudes estratégicas que os gestores têm que tomar. São atitudes e ideias que têm que partir da cabeça do Líder de Vendas. Não adianta achar que outras pessoas tomarão essa atitude por nós.

Outra Estratégia aplicada pelo Gerente de Vendas William James está dando certo há vários anos na empresa em que dirige. Analise as palavras dele: "Depois que percebi que alguns ramos de atividades compravam com frequência, resolvi direcionar meu esquadrão de vendas para oferecer nossos produtos a determinados ramos. Nossas vendas subiram mais de 30%, depois que passamos a utilizar essa estratégia".

De quem você acha que foi a ideia acima? Isso mesmo! Do próprio William.

Perceba que as ideias saem da cabeça do Líder. Ele é que tem que se preocupar em ter essas ideias e não achar que outros farão por ele. Tenha MOVIMENTOS ESTRATÉGICOS para vender mais. Quando bem-feitos, farão a diferença no seu resultado. Todos os anos, participo da Conferência para RESULTADOS em Vendas, promovida por uma Empresa de San Francisco, na Califórnia. No último ano, um dos Palestrantes foi o australiano Mark Jones, que deu uma Palestra brilhante sobre MOVIMENTOS ESTRATÉGICOS em vendas. Ele falou por quase duas horas e uma ideia que nos deu praticamente pagou todo o investimento que fiz na convenção.

Durante sua Palestra, perguntou: "Quais outros produtos vocês podem oferecer para os atuais clientes?".

Estava ali uma ideia brilhante do que podemos fazer no nosso negócio, ou seja, temos a carteira de clientes, que já compram produtos da nossa empresa. Então, quais novos produtos podemos AGREGAR no nosso portfólio de produtos? Que outros produtos seus clientes comprariam da sua Empresa?

Esse "movimento estratégico" praticamente tirou da falência uma das maiores redes de farmácia dos Estados Unidos, porque somente vendiam remédios e nada mais.

Confira nas palavras do fundador Bob Nelson:

"Certa tarde eu estava no balcão atendendo aos clientes e percebi que muitos procuravam determinados produtos que não tínhamos no nosso portfólio".

"Somente vendíamos remédios para nossa clientela. Ainda não havíamos percebido que poderíamos vender, além de remédios, outros produtos, pois o cliente que compra remédios também compra outros produtos".

"Agregamos outros produtos para nossos clientes e nossos lucros subiram incrivelmente".

Repare que as palavras são do Fundador, ou seja, ele estava com sua VISÃO aberta para novos MOVIMENTOS ESTRATÉGICOS.

Deixe-me perguntar algo: Há quanto tempo não implanta uma nova Estratégia nos seus negócios? Será que não há como aumentar as vendas e lucros através de novos movimentos?

O jogo dos negócios está difícil para você? Não tenha dúvida de quem tem que colocar o vendedor na cara do gol: você!

Não espere que alguém faça isso por você. Poucos LÍDERES FOCAM em estratégias.

Perguntaram a Frank Miles, o todo poderoso chefão da maior cadeia de hotéis do mundo, qual era o segredo de ter uma rede tão sólida e próspera.

Ele respondeu:

"Tenho muitos defeitos e qualidades como gestor, mas quando perguntam qual é realmente o segredo, respondo que nunca DELEGO para ninguém o descobrimento de novas estratégias. Penso que a responsabilidade é minha e não dos outros. Claro que se alguém me trouxer uma ideia sempre examino, mas nunca penso que a obrigação das ideias é da minha equipe, e sim, sempre penso que a obrigação das ideias é minha e não deles".

Um dos maiores bilionários que tive prazer de conversar foi Alfred Shmitz. Sua riqueza era tanta que se dava ao luxo de ter cinco propriedades ao redor do mundo.

Quando perguntamos a ele o segredo da sua riqueza, foi rápido na resposta: "Estou ligado a tudo. Quando vejo algo, penso em como posso adaptar aquilo para meu negócio".

Faça MOVIMENTOS ESTRATÉGICOS no seu negócio. Esse é um dos CAMINHOS para aumentar suas VENDAS.

Capítulo 8

Aprenda a colocar toda a empresa para vender

Capítulo 8

Quem paga o nosso salário? — perguntou Steve Martinez para sua Equipe, na reunião anual, em um luxuoso Resort na Califórnia.
A equipe respondeu: "NOSSOS CLIENTES".
Você acha que nessa reunião havia somente vendedores? Claro que não! Steve sabe que o segredo de uma Empresa é todos "venderem", do faxineiro ao presidente.

Steve se tornou MILIONÁRIO aos 27 anos, bem mais cedo que a maioria dos milionários. Ele começou do zero e construiu um império no ramo de hotelaria.

Atualmente vive em dos seus hotéis, em Palm Springs, na Califórnia. Ele sai da sua propriedade, em seu helicóptero, para visitar sua Rede de Hotéis.

Desde cedo, aprendeu que é o CLIENTE QUEM PAGA O SALÁRIO DE TODOS NA EMPRESA.

Qualquer funcionário que entra na empresa, não interessa o cargo, recebe no primeiro dia uma carta dizendo que o CLIENTE é quem paga o salário.

É uma FILOSOFIA que pratica desde que fundou a Empresa.

Além da pergunta-chave que faz nas convenções: "Quem paga o nosso salário?", há também outra pergunta: "Um cliente satisfeito trabalha para nós, sim ou não?" Ele usa essa pergunta várias vezes até para ficar na memória dos funcionários.

Com certeza, um CLIENTE satisfeito trabalha para nós. Isso é a pura verdade! Mas, mais verdade ainda, se pensarmos que, se tivermos um EXÉRCITO de clientes SATISFEITOS trabalhando para nós, será fantástico!

O que leva um MILIONÁRIO como Steve a agir assim perante sua Equipe? Uma simples resposta que ele mesmo deu em uma das suas entrevistas:

"Feliz o empresário que conscientiza sua equipe que os clientes são o maior patrimônio da empresa".

Você deve estar pensando: Como faço isso dentro da minha empresa? Com certeza, a resposta é: "ENVOLVA TODOS"!

Não há como pensar em uma empresa somente com a cabeça na área de vendas. A Empresa é um todo, e a única forma de pensar dessa forma é quando envolve todos em TUDO.

Quer saber como? Veja as palavras do grande palestrante e consultor na área de vendas, Bob Mendez:

"Uma forma de envolver todos na empresa é pedindo opinião para todos".

"Pedir opinião para todos é um ato inteligente do Líder de Vendas". "Mantenha toda a empresa informada de tudo que está acontecendo também. Peça opinião sobre tudo e para todos".

Bob também alerta os Líderes de Vendas para vários fatores na direção de uma Empresa, principalmente o não envolvimento dos funcionários administrativos com o pessoal de vendas.

"É uma pena os vendedores externos não levarem os funcionários administrativos para visitarem clientes".

"Muitos funcionários administrativos passam a vida inteira em uma empresa e nunca apertaram as mãos de um cliente".

"Há funcionários administrativos que nunca viram os olhos de um cliente".

"É importante que todos saibam quem são os principais clientes da empresa".

A culpa do não contato entre o administrativo e a área de vendas é do Gestor. Se dirige uma empresa, promova a interação. É de extrema importância os funcionários administrativos terem contato com seus clientes. Isso valorizará os funcionários.

Anualmente, uma das maiores empresas de telecomunicações da Austrália faz um rodízio de pelo menos 10 dias entre os funcionários. Todos que são da área de vendas vão para o administrativo e outras funções; aqueles que não são de vendas vão para vendas.

Esse rodízio foi implantado na época pela Líder Erika Shmidt, pois tinha certeza de que daria um efeito notável em todos. Com certeza, deu. A partir do momento que começou a fazer um"rodízio"de funções somente por alguns dias, todos começaram a valorizar todos, principalmente os clientes. Se tem condições de fazer isso em sua empresa, faça imediatamente.

Erika tinha dois objetivos com os rodízios de funções: que sentissem como é o cargo do seu amigo; que tivessem CONTATO COM OS CLIENTES.

"No começo, o pessoal achou estranho, mas depois gostou da ideia" — disse Erika. Ela queria TER TODOS ENTUSIASMADOS COM OS CLIENTES.

O que pouca gente sabe é que Erika jamais fez uma CONVENÇÃO DE VENDAS, e sim CONVENÇÃO DA EMPRESA. Isso mesmo! Ela fazia uma ÚNICA CONVENÇÃO em que participavam os FUNCIONÁRIOS de todos os SETORES e não somente de vendas.

Numa tarde de maio de 2007, houve uma reunião na alta cúpula da empresa que mais crescia no setor de medicamentos do extremo nordeste dos Estados Unidos. Seu Presidente e Diretor na época Peter MacDonald explicou que, a partir do próximo mês, todos os funcionários poderiam levar sua família para passar um dia na empresa em datas previamente selecionadas. Isto mesmo! Levar a família para ficar na empresa por um dia. Ele sempre afirmou que a empresa tem que se aproximar da família dos seus funcionários. Dessa forma, a família veria a empresa com outros olhos.

Quem mais cresceu nos Estados Unidos, na última década, no ramo de *fast food* foi a Los Angeles Foods. A Empresa sempre acreditou que o exemplo vem de cima. O vendedor número 1 da empresa tem que ser o presidente, pois tem que RESPONDER às RECLAMAÇÕES da EMPRESA. Isso mesmo! O PRESIDENTE! É com essa ESTRATÉGIA que COLOCA TODA A EMPRESA PARA VENDER, ou seja, os funcionários sabem que o PRESIDENTE É QUEM ATENDE às RECLAMAÇÕES, por isso pensam duas vezes em "maltratar" ou "desprezar" algum cliente.

Esteja à frente de todas as RECLAMAÇÕES. Os Líderes têm que mostrar que se preocupam em perder um cliente. Se sua EQUIPE PERCEBER QUE VOCÊ se preocupa em perder CLIENTES, se PREOCUPARÃO também.

Quando um cliente faz uma reclamação, você é o primeiro a se expor? É o primeiro a mostrar a "cara" da empresa? Saiba que isto é uma ATITUDE de um LÍDER que quer toda a empresa pensando que todos têm que VENDER.

COLOCAR A EMPRESA PARA VENDER é isso: o VENDEDOR NÚMERO 1 DA EMPRESA é o LÍDER.

Quinze anos atrás, saiu uma material de capa na Revista *Business and Sales*, em que o título da matéria era QUEM É O VENDEDOR NÚMERO 1 NA SUA EMPRESA?

A matéria tinha nada mais nada menos que sete páginas e todas com um único INTUITO: o vendedor número um da Empresa são os LÍDERES QUE A COMANDAM.

Vários pontos da matéria eram para refletir:

"Todos os funcionários têm que ter o fone celular do chefe". "Se um cliente pedir o celular do chefe, é possível dar o mesmo?". "Se um cliente pedir para falar com o superior, é atendido na hora?". "Qual foi a última vez que o Líder principal da Empresa foi visitar um cliente?".

"Não há como colocar uma Empresa toda para vender, se o principal Líder não mostrar isso".

Essa matéria até hoje é comentada nos bastidores das Empresas. Muitos Líderes baseiam seu comando na matéria.

É incrível como muitos Líderes se" escondem" em uma empresa.

A partir do momento que o LÍDER mostra que se PREOCUPA COM TODO CLIENTE, automaticamente todos pensarão da mesma forma.

Capítulo 9

Como estabelecer campanhas e prêmios para seus vendedores

Capítulo 9

Em 15 de março de 2014, às 19h, no hotel Sheraton de Nova York, aconteceu um Seminário com cinco Palestrantes sobre o TEMA Campanhas e Prêmios para Vendedores. O Evento prolongou-se até às 23h. O assunto ganhou "força" entre os presentes. O ponto principal da discussão foi o fato de chegar à conclusão de como o Líder deve estabelecer as chamadas "campanhas de vendas" para seus vendedores.

Num ponto, todo o grupo concordou: "uma campanha deve ter um nome. Os Líderes de vendas têm que batizar cada CAMPANHA com um NOME, para que tenha sentido".

O nome dará sentido à OPERAÇÃO. Quando você faz uma campanha interna para seus vendedores e coloca nome na CAMPANHA, o foco nela será no mínimo 30% a mais, pois nomes DÃO O VERDADEIRO SIGNIFICADO NO NEGÓCIO.

Sérgio Gilbert, um dos palestrantes, acrescentou que somente o NOME não basta. A empresa tem que estar TEMATIZADA com o nome da campanha.

"Somente o nome não é suficiente. A Empresa tem que TEMATIZAR todo o ambiente de vendas de acordo com o nome".

"Imagine se o prêmio fosse para o primeiro vendedor uma viagem para Disney. Toda a empresa teria que estar tematizada com Disney".

Sérgio era um dos Palestrantes mais MOTIVADOS do encontro. Era um verdadeiro DEFENSOR de campanhas de incentivo para o quadro de vendas. Falou muito sobre o tema no Seminário.

"A empresa tem que estar envelopada com a campanha. Quando você envelopa uma empresa com o tema da campanha, automaticamente o estado de espírito das pessoas fica envolvido no processo".
"Faça do lançamento da campanha um acontecimento. Nunca um LÍDER deve lançar uma campanha como algo comum. Os Líderes devem lançar uma CAMPANHA INTERNA como algo memorável".

"Grave o depoimento dos participantes, grave a fala de todos, os desafios de todos, isto é uma CAMPANHA DE INCENTIVO PARA O QUADRO DE VENDAS".

Quando estive cara a cara com Shultz Berger, considerado um dos Maiores Dirigentes de Vendas dos Estados Unidos, apelidado de INCENDIÁRIO DE SALÃO DE VENDAS, não me contive e fiz algumas perguntas:

— Shultz, qual é o tempo ideal de uma campanha interna para vendedores?

— Não há tempo ideal. O que precisamos entender é que, campanhas longas, podem trabalhar contra. Aconselho somente campanhas curtas. — respondeu.

— Como assim?

— Uma campanha longa pode desmotivar a todos se a meta parecer inatingível. Quanto mais tempo os vendedores ficam em uma campanha, maior o risco de se desmotivarem. – respondeu.

— O que você quer dizer é que um Gerente de Vendas não deverá fazer campanhas longas junto a sua Equipe de vendas?

— perguntei.

— Isso mesmo! Sempre aconselho campanhas de no máximo 90 dias. São impactantes e dão chance para todo mundo.

Por um instante, achei que ele já havia terminado, mas acrescentou mais um detalhe importante:

— Os Líderes de Vendas têm que ter um "puxador de equipe". São vendedores que vendem, fazem negócios todos os dias. Isso estimula e muito os outros vendedores, provando que os produtos vendem. Desenvolva e aprimore vendedores assim.

Li uma matéria, em um Jornal de Nova York, sobre campanhas de vendas internas. A matéria era ótima, mas o que me chamou a atenção foi o fato do autor do material alertar sobre como devem ser "tratados" os números junto ao quadro de vendas.

Dizia que os números têm que ser falados todos os dias, porém sem exageros. Comunicar os números objetivamente é missão do Líder de Vendas.

Outro fato que me chamou a atenção foi sobre MAPA DE VENDAS. A matéria nos orientava a fazer "comentários" no MAPA DE VENDAS, mas comentários construtivos e individuais para cada vendedor.

No final da matéria, o autor também levantou o fato de que muitas empresas não utilizam o MAPA DE VENDAS. Algumas nem ao menos deixam o MAPA DE VENDAS visível.

Quando Ben Taylor chamou-me para anunciar minha promoção para Gerente de Vendas, deu muitas orientações de como conduzir uma equipe de vendas. Fez uma observação clara em relação à premiação de vendedores.

Ele me perguntou:

— Você sabe qual é o erro mais comum dos Gerentes de Vendas, em relação à premiação de vendedores?

— Não. — respondi.

— O Maior erro que um gerente de vendas pode cometer é achar que os prêmios motivam todos por igual. Isso não é verdade! É um engano quando um gerente acha que um PRÊMIO forte motivará todos por igual.

— Por favor, explique melhor, pois não quero cometer esse mesmo erro. — falei.

— Muitos gerentes acreditam que, comprando um PRÊMIO valioso, motivará todos para buscá-lo. Isso é um absurdo! Prêmios valiosos não motivarão seus vendedores por igual. Jamais faça isso.

Ben estava coberto de razão. Muitos gerentes compram prêmios valiosos e, na verdade, MOTIVAM SOMENTE OS QUE TÊM CONDIÇÕES DE GANHAR.

Certa vez, ouvi uma frase: "Quem ganha os prêmios são sempre os mesmos". Essa frase é VERDADEIRA! Os Campeões, com certeza, ganharão os prêmios, pois o próprio nome diz: CAMPEÕES. O que não pode é um Gerente achar que motivará por igual a equipe toda com um prêmio valioso. Isso é uma ILUSÃO!

Faça premiações diferenciadas. Estabeleça prêmios diferenciados. Divida o grupo de vendedores em 03 Faixas e coloque um prêmio individual para cada faixa. Dessa forma, todos terão condições. Não queira achar que um prêmio motiva todos os vendedores.

Não caia nessa ilusão. Lembre-se de que há diferentes níveis de vendedores na sua Equipe.

Você precisa fazer premiações individuais. Estabeleça percentual de crescimento para cada um dentro do potencial da sua região. Respeite as diferenças dos seus vendedores. Não queira acreditar que todos têm o mesmo potencial, pois não têm.

Compartilho das mesmas ideias do grande Empresário James Stuggart sobre campanhas de vendas internas, o qual disse algo interessante sobre prêmios para vendedores:

"Em hipótese alguma, atrase a premiação dos vendedores". "Qualquer que seja o prêmio, entregue no dia combinado".

"Há gerentes que ficam prorrogando a entrega dos prêmios, arrastando e isso causa desconforto na equipe de vendas".

"Se um vendedor ganhar um determinado prêmio, entregue-o imediatamente. Faça da entrega de prêmio um acontecimento".

Ele ainda dá mais uma dica sobre campanhas e premiações dos vendedores:

"Peça para o premiado trazer a família dele. É importante a família estar presente na entrega dos prêmios".

Você sabe me dizer qual é a maior habilidade que um Líder de Vendas tem que ter nas campanhas de vendas? SABER DESAFIAR SEUS VENDEDORES.

Saiba desafiá-los! Não há campeão de vendas no mundo que um dia não foi desafiado por seu LÍDER DE VENDAS.

Você desafia seus vendedores? Há quanto tempo não faz um desafio individual? Christian David, recordista número 1 de vendas de seguros nos Estados Unidos, explicou o porquê de quebrar tantos recordes em vendas: "Certa vez, um gerente de vendas me desafiou. Disse que eu jamais chegaria em primeiro lugar. O desafio dele foi um estímulo para mim".

"Até hoje penso no desafio dele e dou o meu máximo".

Você quer que um vendedor faça coisas acima da média? Então, desafie-o! Este é um dos segredos: desafiar seus vendedores.

Isabel Fuentes também foi desafiada e isso mudou para sempre a vida dela.

"Tive um gerente que sempre me desafiava. Ele dizia que eu poderia ser maior do que eu era. A princípio, não me soava bem. Porém, com o tempo, percebi que isso me ajudava. Entendi que era um desafio".

Você que está lendo este livro e já alcançou relativo sucesso, será que já não foi desafiado por alguém? Será que desafios não o levaram aonde está hoje?

Não há como CHEGAR AO TOPO SEM SER DESAFIADO. Não há como CHEGAR AO TOPO, SE ALGUÉM NÃO FIZER UM DESAFIO.

Capítulo 10

Como transformar a sua equipe em gigantes de vendas

Capítulo 10

Em março de 2013, os Estados Unidos foram surpreendidos com o pedido de demissão de Julio Diaz, o grande Diretor de Vendas de uma das maiores montadoras do país.

Julio deixou uma carta para todos os funcionários, mas, em especial, para o departamento comercial da Empresa, ou seja, para os Vendedores e Diretores de Vendas.

O título da carta era: ".JÁ TRANSFORMEI MEUS VENDEDORES EM GIGANTES DE VENDAS, PORTANTO ESTÁ NA HORA DE SAIR".

Pelo título da carta, já deixou claro que sua missão estava cumprida. Seu objetivo de transformar vendedores em gigantes de vendas foi cumprido.

Assumiu a empresa com 100 vendedores e, em sua despedida, contava com mais de 500 espalhados por todos os Estados Unidos.

Sempre teve em mente que sua função era TRANSFORMAR todos em GIGANTES.

Gostaria de ter GIGANTES trabalhando para você? Claro que sim! Quer conhecer a regra número 1 de Walter Herald, autor do livro TRANSFORMANDO VENDEDORES COMUNS EM GIGANTES?

"Primeiro mostre que é um GIGANTE. Lidere pelo exemplo".

"Não há como LIDERAR uma Equipe se não for o EXEMPLO".

"Muitos líderes pecam pelo simples fato de não serem o exemplo número um para sua equipe".

"Sempre digo aos Líderes de Vendas: primeiro mostre a sua grandeza".

Não é de se espantar que muitos não conseguem triunfar na condição de líderes, pelo simples fato de não serem GRANDES o suficiente em seu caráter para liderar uma equipe. Muitos são GERENTES e não Líderes.

Quando conversei pela primeira vez com Charles Malzon, fiquei espantado com a calma do bilionário falando em direção de equipe.

Mostrou-me, em poucas palavras, três assuntos que os Líderes se descuidam no dia a dia do comando de equipes.

Primeiro:

"Cumpra o prometido. Muitos Líderes pecam por não cumprirem o que prometeram. Se prometer, cumpra, o mais rápido possível".

"Reconheça seus vendedores para se sentirem importantes".

"Resolva rápido os conflitos entre vendedores". São conselhos úteis e EFICAZES.

Muitos Líderes falham por não cumprirem o que prometeram ou até pelo simples fato de demorarem para cumprir o que prometeram. Um aperto de "mãos" de um Líder tem que ser algo FORTE. Quando apertar as mãos, vamos tentar "cumprir o prometido".

John McAlister, autor do célebre livro LIDERANÇA FORTE, diz que o "aperto de mãos" de um Líder é mais forte que um contrato assinado.

"Há líderes que não necessitam de nenhum contrato, basta um aperto de mãos. Costumo chamar esses líderes de Gigantes da Liderança.".

O meu amigo "Bob Tomaz" sempre foi um GRANDE LÍDER DE VENDAS. É daqueles capazes de transformar um simples vendedor em um campeão. Em um café com ele, aproveitei para fazer algumas perguntas:

— Bob, qual é seu segredo para produzir tantos campeões assim?

— Acho que o que tenho de diferencial em relação aos outros Gerentes é que ENCORAJO meus vendedores a persistirem nos sonhos deles. Encorajo-os a buscarem coisas impossíveis.

— Como assim? – perguntei.

— Conto histórias verdadeiras de vendedores bem-sucedidos.

Vendedores que não tinham nada e alcançaram seus sonhos. Essas histórias enchem meus vendedores de confiança e são estímulos para buscarem algo. Histórias verdadeiras de pessoas que eram como eles e conquistaram sonhos, tornam-se vivas nas suas mentes. Acho que todos os Gerentes deveriam fazer isso.

Lembro-me de que, quando iniciei minha carreira, meu Gerente de Vendas contava muitas histórias de sucesso de vendedores antigos e atuais. Aquilo me dava força para continuar. Essas histórias me faziam sonhar em chegar ao sucesso como eles também chegaram. Quer realmente despertar um vendedor? Já ouviu falar do PODER DO ELOGIO SINCERO? Se já ouviu, coloque em prática urgente. Não há vendedor algum no mundo que não se sinta um GIGANTE após um elogio.

Segundo matéria publicada na maior Revista de Vendas dos Estados Unidos, 70% dos Líderes de Vendas não elogiam seus VENDEDORES. Pode parecer incrível, mesmo o ELOGIO sendo um combustível, poucos Líderes de Vendas utilizam. Você utiliza essa ferramenta para transformar seus vendedores em gigantes? Quantos elogios faz durante o dia? Há quanto tempo não elogia os vendedores do seu time?

Não há como elogiar um vendedor se não olhar o "ponto forte" dele. É impossível o elogio, se não olharmos o que de bom tem o vendedor.

Para olharmos o que nosso vendedor tem de bom, temos que programar nossos "olhos" para ver coisas boas. Nossos olhos estão sempre programados para ver coisas ruins e não boas, por isso temos que pensar no que o VENDEDOR tem de bom.

"É impossível algum vendedor não ter algo de bom para nós que somos Diretores".

"Sempre procurei focar o que o vendedor tem de bom. Esse é o meu papel como líder".

"Nunca deixo de elogiar um vendedor. Na verdade, elogio, elogio, elogio".

As palavras acima foram ditas por Richard Schultz, dono da maior corretora de valores de Londres.

Sabe qual é um fator de extrema importância quando elogiamos um vendedor? Veja a resposta nas palavras de um grande gerente de Vendas, que conheci há muitos anos:

"O elogio serve para criar uma ponte entre o líder e o vendedor.

O elogio é um ponto de aproximação entre os dois".

Isso tudo pode ser traduzido como ATITUDE. Não há como liderar sem ter atitude. Mostre sua Liderança através das ATITUDES.

Durante uma série de entrevistas feitas pela Revista *People and Sales*, com grandes líderes de vendas do Canadá, obteve-se entre eles ATITUDES semelhantes e vários pontos em comuns.

Uma das atitudes comuns a todos os líderes apresentada na entrevista era: PRIMEIRO FAÇA E DEPOIS COBRE!

Você faz isso? Faz e cobra depois? Ou costuma cobrar antes de fazer?

Se realmente quer transformar seus vendedores em gigantes, terá que ter atitude de um Gerente GIGANTE.

Poucos Líderes têm esse tipo de atitude. Os poucos que têm são verdadeiros líderes, pois é o tipo de ATITUDE QUE FORTALECE A LIDERANÇA DE UM COMANDANTE.

VOCÊ QUER TRANSFORMAR SUA EQUIPE EM GIGANTES? TERÁ QUE PRIMEIRO MOSTRAR QUE É UM GIGANTE TAMBÉM.

Capítulo 11

Motivando sua equipe para resultados extraordinários

Capítulo 11

James Gibb perguntou para a plateia:
— Qual é o primeiro segredo em MOTIVAR equipes de vendas?
A plateia ficou em silêncio.
Perguntou novamente:
— Por favor, respondam! Qual é o primeiro segredo para motivar uma Equipe de Vendas?
Respondeu:
— O primeiro DESAFIO é o LÍDER ESTAR MOTIVADO. Não há como MOTIVAR um vendedor se o LÍDER DE VENDAS não estiver motivado.
A plateia ficou em silêncio.
Fez outra pergunta:
— Você está MOTIVADO PARA MOTIVAR? Se não estiver MOTIVADO, jamais motivará algum vendedor.
Esse é o primeiro desafio de um LÍDER DE VENDAS. Motive-se primeiro! Ele é um dos Maiores Palestrantes do Mundo quando o assunto é MOTIVAÇÃO DE VENDEDORES. Dá mais de 100 Palestras por ano. Sempre é aplaudido de pé por onde passa. Seus Livros já venderam mais de um milhão de exemplares.
É autor da famosa frase: "VOCÊ SOMENTE FARÁ OS OLHOS DOS SEUS VENDEDORES BRILHAREM SE CONHECER O QUE ELE QUER".
Não há outra forma de fazermos os olhos de alguém da nossa equipe brilhar. Se conhecermos o que quer e falarmos sobre o que quer, os olhos deles sempre brilharão.
Há muitas formas de se motivar um ESQUADRÃO DE VENDAS,

mas tenho um cliente que conhece todos os desejos, sonhos e objetivos de cada vendedor. Ele tem um armário, em sua sala, onde consta uma folha individual de cada vendedor. Todas as vezes que vai falar com um vendedor, já sabe o que este quer conquistar na vida.

Você sabe o que cada um dos seus vendedores quer? É capaz de conversar sobre a visão dele? O que quer da vida, o que quer para a família? Se dominar isso, conseguirá impulsionar todos.

Peter Montalban sabia disso e aplicava junto aos seus vendedores. Matava a "fome" de quase todos os vendedores quando reconhecia cada um da sua Equipe. Ele sabia que o reconhecimento para aqueles, que realmente deveriam ser reconhecidos, era algo que motivava, e muito, cada um da Equipe.

"Trabalhar com os vendedores e não reconhecer aqueles que realmente merecem reconhecimento é o mesmo que ter um carro e não colocar gasolina para andar".

Agora o que pouca gente percebia era que Peter reconhecia seus vendedores com palavras FORTES. Ele tinha plena consciência de que as PALAVRAS TÊM PODER. Todos os seus RECONHECIMENTOS eram feitos de palavras MUITO FORTES, pois sabia que, por trás de uma PALAVRA FORTE, há uma "energia" também forte.

Um dos maiores erros de um Gerente de Vendas é achar que a sua Equipe de Vendas não precisa de motivação, porque ele não precisa. PURO ENGANO! O Líder de Vendas tem que entender que não somos iguais. Não é porque ele é forte, não precisa de motivação, significa que a equipe dele não precisará.

"Estou sempre motivando minha equipe. Eles não são iguais a mim".
— disse Mark Stwart ,outro grande Consultor na área de Vendas.
— "Eu esparramo frases motivacionais em todo meu escritório.
Por onde você andar em meu escritório, há frases motivacionais coladas na parede".

"Considero o poder das frases motivacionais algo indispensável nas paredes de uma empresa".

Veja só outra "visão" do Grande Empresário Raul Salinas sobre motivação de Equipes de Vendas.

"Além de frases motivacionais, também utilize o recurso dos vídeos".
"Tenho vendedores espalhados por todos os Estados Unidos e o Vídeo é uma maneira de me comunicar com eles".
"Todas as semanas, mando um vídeo para minha equipe de vendas.

Explico as novidades da Empresa e também parabenizo os campeões".

"Não há uma semana que não envio vídeos. Eles têm um poder acima da média".

Como está motivando seus vendedores? Tem usado frases motivacionais? Tem usado vídeos?

Conheci um Empresário que gravou várias entrevistas com seus vendedores. Nessas entrevistas, perguntava os sonhos de cada um, quais os desafios que já haviam enfrentado e as expectativas que tinham dentro da empresa. Mas o que mais chamava a atenção na entrevistas era o fato do vendedor dizer o que realmente tinha em mente, seus objetivos, seu entusiasmo para aquele novo trabalho. Era de se surpreender como muitos falavam uma coisa; depois, faziam outra. Os vídeos ajudam os Líderes de Vendas a resgatarem o que o vendedor disse que faria logo que começou na empresa.

Vídeos têm um poder acima da média, pois são um "testemunhal" do que os vendedores têm em mente. Utilize-os.

Quer conhecer outra ESTRATÉGIA para motivar vendedores?

Então, preste atenção.

Na tarde do dia 29 de maio de 2014, presenciei uma fantástica reunião de motivação em vendas promovida pelo Gerente de Vendas Oscar Bravo, de uma grande empresa de Imóveis de Miami.

Após a reunião, revelou-me algo, que nunca parei para pensar: "As pessoas não perdem os talentos, o que perdem é a vontade de vencer. O talento, que Deus deu, ele não tira, mas a vontade de vencer, depende somente de cada um".

É incrível como alguns vendedores campeões, de uma hora para outra, "despencam" para último lugar. Qual será o motivo? Será que perderam seus talentos? Será que perderam o potencial? Claro que não! Perderam foi a vontade de vencer.

Isso é comum em todos os lugares do mundo. Mas há alguma técnica para resgatar um vendedor do fundo do poço? Sim. Conheça as palavras de Margareth Forbes, grande Líder de Vendas de uma das maiores Empresas de Distribuição de Petróleo do Canadá.

"Todos nós já conquistamos algo na vida. Nossos vendedores não fogem dessa regra. Já conquistaram algo. O que acontece é que nos esquecemos de relembrar o que eles já conquistaram. Nossa função como líder é relembrar nossos vendedores do que já conquistaram".

Você faz isso? Como acha que é possível um vendedor "ressuscitar"? Somente quando é relembrado do que já conquistou.

Para resgatar seu vendedor do "fundo do poço", terá que sempre relembrá-lo das coisas boas que já fez.

Você se acha mesmo um MOTIVADOR de Vendedores? Já ouviu falar do LIVRO COMO INCENDIAR SEU QUADRO DE VENDAS?

Trata-se de um livro escrito há 20 anos por John Gerald, mas que funciona para os dias de hoje também.

O LIVRO é fantástico! Dá dicas preciosas para COLOCAR FOGO NO SALÃO DE VENDAS.

Um dos segredos de John é colocar PRÊMIOS SEMANAIS. Coloque prêmios semanais. Uma empresa não pode ficar sem prêmios semanais. "Os prêmios semanais são um verdadeiro combustível para a empresa e para os vendedores".

Há um capítulo no Livro de John que tem o título "APRENDA A PREMIAR SEUS VENDEDORES COM PRÊMIOS QUE ELES JAMAIS TIRARIAM DINHEIRO DO BOLSO PARA COMPRAR!" O que queria dizer com esse capítulo?

Quando estive com ele, fiz algumas perguntas sobre o capítulo:

— John, pode nos explicar um pouco mais sobre esse capítulo?

— Há coisas que os nossos vendedores jamais tirarão dinheiro do bolso para comprar. – respondeu.

— Como assim?

— Você acha que um vendedor nosso alugaria um carro de luxo por um dia somente? Acha que o nosso vendedor alugaria uma Ferrari somente por um dia? Claro que não! E que tal darmos isso para os campeões?

Ele continuou:

— E um passeio de helicóptero? Um jantar no melhor restaurante da cidade? São coisas que jamais um vendedor tiraria dinheiro do bolso para fazer. São coisas que todos têm vontade de fazer, mas que não cabem no orçamento de qualquer um.

Era um grande MOTIVADOR DE VENDEDORES. Sabia o que cada um queria e transformava esse sonho em realidade. Mas o grande alerta, que faz no livro, deixou para o final.

Termina o livro fazendo um ALERTA BEM FORTE para todos os Líderes de Vendas:

"Nunca se esqueçam de que somente 10% dos nossos vendedores conseguem se automotivarem. O Papel do Líder é motivar os outros. Não acredite em automotivação, acredite que o Líder tem um PAPEL FUNDAMENTAL para motivar os VENDEDORES".

Capítulo 12

Inteligência estratégica: uma arma poderosa para sua equipe

Capítulo 12

Quem é o Estrategista de uma OPERAÇÃO DE VENDAS? — perguntou Victor Makau.
Sem ao menos me dar chance para responder, já emendou:
— É o Líder de Vendas. O Líder de Vendas é o RESPONSÁVEL por tudo que acontece. Se a empresa não está vendendo, a responsabilidade é dele e de ninguém mais. Os Líderes têm que entender isso.

Ele dirigiu, durante 10 anos, uma das maiores Empresas de Vendas Diretas do Canadá. Não só dirigiu mas também passou o faturamento da empresa de 10 milhões para 300 milhões anuais. Sabia, como ninguém, que o papel do LÍDER é fundamental em uma Operação de Vendas.

Líderes de Vendas têm que ser Estrategistas. Têm que OLHAR a OPERAÇÃO pelo alto. Têm que ENXERGAR TUDO.

Num evento para Líderes de Vendas, na cidade de San Francisco, um dos Palestrantes nos questionou com a seguinte pergunta:
"Como está a informatização da sua empresa?".
"A tecnologia trabalha a serviço dos seus vendedores?".
"Qual é o melhor sistema de gestão para seus negócios?".
Essas perguntas me fizeram refletir o restante do Seminário. Há

muito, não pensava nelas.

Há muito tempo, não parava para pensar se a TECNOLOGIA estava ou não trabalhando para nosso quadro de vendedores.

A TECNOLOGIA está trabalhando a favor do seu quadro de Vendas? Se não estiver, pense nisso urgente.

Sergio Ramirez, famoso por ser um dos mexicanos mais novos a ter uma fortuna de 1 bilhão de dólares, afirma que todo o seu esquadrão de vendas está equipado com a mais alta TECNOLOGIA DO MUNDO.

Quando almocei pela primeira vez com Sergio, pude observar o quanto fala com entusiasmo da sua equipe de vendas.

Perguntei a ele:

— Sergio, somente equipamentos fazem uma grande equipe de vendas?

— Equipamentos para se comunicar é muito bom. Acho um ótimo investimento, mas não é somente isso. As mensagens entre os LÍDERES DE VENDAS e a Equipe tem que ser claras e objetivas. –respondeu ele.

Após um pequeno silêncio, ainda acrescentou:

— É importante o Líder de Vendas entender que a comunicação entre ele e a equipe tem que ser uma via de mão dupla. O Líder fala e a Equipe também tem o direito de falar. O Líder tem que escutar a equipe.

Você escuta a sua Equipe? Está sempre predisposto a ouvir a sua Equipe?

Um LÍDER com visão ESTRATÉGICA sabe que a comunicação com sua EQUIPE é fundamental para o sucesso de uma OPERAÇÃO.

Um Líder com visão ESTRATÉGICA sabe que reuniões, se bem-feitas, trazem um BENEFÍCIO INCRÍVEL para a Equipe de Vendas. Mas cuidado com o excesso de REUNIÕES.

Agora, o que você necessita saber é o que Paula Thompson fazia quando terminava uma reunião com seu esquadrão de vendas:

"Jamais termino uma reunião sem antes lançar um desafio".

"Sempre termino uma reunião com um filme, um desafio ou algo mais".

"Minha equipe precisa estar constantemente desafiada".

Numa tarde de dezembro de 2009, estava em um café com mais três Consultores de Vendas e discutíamos sobre INTELIGÊNCIA

ESTRATÉGICA DO LÍDER DE VENDAS.

Um dos participantes, Jean Paul, falou bastante sobre reuniões estratégicas com equipes de vendas, mas acrescentou ainda mais quando falou sobre a INTELIGÊNCIA ESTRATÉGICA QUE UM LÍDER DE VENDAS DEVE TER EM CIMA DA BASE DE CLIENTES.

"Base de clientes é tudo. Há empresas que se esforçam para ficarem vendendo o tempo todo, e o grande segredo seria atualizar a base de clientes".

"O líder estrategista sabe que a base de clientes têm que estar atualizada para que seus vendedores possam agir em cima".

Ele é um estrategista fora de série. No final do nosso café, presenteou-nos com um vídeo.

Sabe qual era o título deste vídeo: BLINDANDO SEUS CLIENTES CONTRA OS "INIMIGOS".

Chegando a minha casa, vi o vídeo. Várias coisas me chamaram atenção, mas teve uma situação que há muito tempo eu não pensava:

- JANTARES PARA OS PRINCIPAIS CLIENTES.

Há muito tempo, não pensava nisto. Jantar é algo que nos aproxima dos nossos clientes e, de uma forma ou outra, acaba blindando nosso cliente do ataque do "inimigo".

Há quanto tempo não promovo um jantar para nossos clientes? Confesso que não me lembro a última vez. E você? Há quanto tempo não promove um jantar para os principais clientes?

Quer ver mais o que eu aprendi com o vídeo do Jean: DÊ UMA PLACA PARA OS PRINCIPAIS CLIENTES.

Você faz isso? Preciso confessar, eu não faço.

Imagine o sentimento de gratidão que nosso cliente perceberá se você der uma PLACA PARA ELE! Não há dinheiro que pague isso.

Uma PLACA pode aproximar, e muito, seus vendedores dos seus clientes. Pode ser a APROXIMAÇÃO para blindagem contra eventuais "ataques" dos inimigos.

Pense: A INTELIGÊNCIA ESTRATÉGICA TEM QUE PARTIR DO LÍDER.

Capítulo 13

Prospecção: a chave para alavancar a sua equipe de vendas

Capítulo 13

A esposa de Malcon Muller estava ansiosa pela chegada do marido. Afinal, o mesmo estava ausente há 03 dias, em uma reunião estratégica da Companhia.

Malcon era um dos Diretores de Vendas na época.

Quando ele chega, a esposa pergunta:

— Foi tudo bem na reunião?

Ele responde:

— Tudo ótimo! Nossos resultados são maravilhosos! Tudo perfeito, inclusive tive uma menção honrosa por parte do conselho dos acionistas.

- Como assim? – pergunta ela.

— Fui premiado por ter sido o LÍDER DE VENDAS que mais prospectou clientes para a companhia.

Malcon foi até modesto com sua ESPOSA. Na verdade, ele foi premiado por ter sido considerado o Diretor de Vendas que mais angariou NOVOS CLIENTES para a Companhia.

Em uma entrevista para uma grande revista de vendas, o mesmo disse:

"É obrigação do Líder de Vendas trazer *prospects* para a empresa". "O Líder tem que abastecer sua Equipe de Vendas com *prospects*".

Perguntei a Jefry Singer o segredo para ser um Diretor de Vendas tão bem-sucedido.

—Jefry, qual o segredo para ter uma Equipe que se vende tanto?

— É muito simples! Esteja sempre abastecendo seus vendedores com *prospects* — respondeu ele.

— Quais as estratégias que você utiliza para que isso possa acontecer? — perguntei.

— Uma das ESTRATÉGIAS que utilizo é o TELEFONE. Tenho uma EQUIPE DE TELEVENDAS que são verdadeiros PERDIGUEIROS na busca de novos clientes para a minha Equipe. O telefone muitas vezes chega onde o vendedor comum não chegaria, por isso não abro mão de ter uma boa equipe de televendas, apoiando meus vendedores.

O TELEFONE é um grande canal de vendas quando utilizado em conjunto com os vendedores. Não há como trabalhar nos dias de hoje sem um telefone.

Telefone é somente uma parte da nossa ESTRATÉGIA para gerar *prospects* para nossa Equipe.

Quer conhecer outra ESTRATÉGIA? Você tem uma rede de contatos estratégicos? Faz parte de alguma associação que reúna outros Líderes de Vendas? Se você é LÍDER e não faz parte de nenhuma associação, está "perdendo" dinheiro, ou melhor, está deixando de trazer novos clientes para a sua Equipe de Vendas.

Não fique fora de uma Rede de contatos Estratégicos. Participe de associações. Esteja onde há pessoas do seu nível.

Outra situação que você tem que pensar urgente é: "Tem algum amigo Líder de uma Empresa que tem o mesmo perfil de clientes que o seu?".

Você pode fazer alianças estratégicas para buscar novos clientes para sua Equipe de Vendas. Você faz isso? Busque, na sua REDE DE CONTATOS, quem tem clientes que lhe interessam. Faça um acordo com eles. Veja se pode divulgar seu produto na base de clientes deles.

— Quanto do seu tempo passa em busca de PROSPECTS para sua Equipe de Vendas? – perguntou-me Charles Watson, quando fui promovido a Gerente de Vendas pela primeira vez na minha vida.

Charles promoveu-me com uma condição: "jamais deixe de buscar novos clientes para seus vendedores. Não interessa se é com parceria ou anúncios".

Ele era um verdadeiro APAIXONADO por anúncios. Vibrava quando o telefone tocava através dos anúncios. Dizia que uma campanha publicitária bem-feita colocava FOGO NO SALÃO DE VENDAS. Era um EXPERT em anúncios para seus produtos.

Seu produto permite ser anunciado? É possível anunciar seu produto? Há alguma revista direcionada ao público que você deseja vender?

Lembre-se de que um ANÚNCIO, quando bem-feito, é uma PODEROSA ARMA NA CAPTURA DE PROSPECTS para sua Equipe de Vendas.

Se realmente quer fazer um ANÚNCIO, jamais deixe de "ouvir" o conselho de Albert Martin, especialista em anúncios:

"o título do anúncio é mais importante que o texto".

Muitos Empresários, Diretores e Gerentes fazem anúncios e depois se frustram, pois não tiveram retorno suficiente, mas o que não sabem é fazer anúncios. Procure ajuda, procure quem realmente entende. "não há coisa mais frustrante que fazer um anúncio e o telefone

não tocar". — disse Martha Smith.

Martha é ESPECIALISTA EM VENDAS. Suas Palestras atraem milhares de pessoas nos Estados Unidos. Ela dá conselhos para Líderes de Vendas gerarem *prospects* para suas Equipes. Ela acha ANÚNCIOS uma forma especial de abastecer equipes de vendas.

Veja outras observações de Martha:

"se o objetivo do anúncio é fazer o telefone tocar, então seu ANÚNCIO TEM QUE SER EFICAZ. Sua equipe estará no "aguardo" das ligações".

"coloque pelo menos 03 formas de contato com sua Empresa. Coloque site, telefone e e-mail".

Agora o que ela fala mais de interessante está nesta frase abaixo, dita por ela:

"poucas empresas exploram as permutas nos anúncios. A maioria dos Líderes de Vendas pagam pelos anúncios e muitos poderiam ser permutados. Poucos têm cabeça focada em permutar os anúncios".

É possível permutar seus produtos ou serviços? Será que não poderia permutar o que vende em troca de espaço nas revistas?

Por que muitos Empresários pagam pelos seus anúncios? Já parou para pensar nisso? Muitos anúncios podem e devem ser permutados.

Fique atento quanto a isto. Não deixe passar uma oportunidade de permutar seu produto ou serviço.

Anunciar é uma INTELIGÊNCIA ESTRATÉGICA que deve ser explorada pelo LÍDER DE VENDAS, mas há outra situação da qual o LÍDER DE VENDAS precisa cuidar, ele tem que ENTENDER o porquê alguns clientes não compram.

Em um almoço no Clube dos Vendedores, em Las Vegas, perguntei a Don Matson qual era o segredo para captar novos clientes para as Equipes de Vendas:

— Há vários segredos, só que o segredo principal é você captar os e-mails ou telefones de quem não comprou. — disse Don Matson, após minha pergunta.

— O que você aconselha para os Líderes de Empresas? — fiz outra pergunta.

— Aconselho os Líderes a orientarem seus vendedores a captarem pelo menos os telefones e e-mails de quem liga através de anúncios. É incrível como muitas empresas não dão atenção a esse fato.

É simples isso! Quanto custa cada ligação que você recebe de um *prospect*?

Quanto custa cada e-mail que você recebe de um cliente que viu um anúncio?

Quanto custa para captar um possível cliente?

São essas contas que as Empresas não fazem. Elas não contabilizam quanto custa captar um novo cliente.

Fique atento, pois o comando da OPERAÇÃO é do LÍDER DE VENDAS.

Capítulo 14

Autoconfiança: "a chave do sucesso para um líder de vendas"

Capítulo 14

Edward Fischer estava sentado na primeira fila do encontro dos maiores Líderes de Vendas da Costa Oeste Americana. Sua vontade de aprender era enorme. Afinal, estava recém-promovido a Gerente de Vendas.

Estava "sedento" por novas ideias e novas informações que pudessem acrescentar na carreira dele.

O Primeiro Palestrante tocou em um tema que Edward realmente queria saber mais: Autoconfiança de um Líder de Vendas.

"Vocês sabem qual é o ponto principal para um Líder comandar uma Equipe?".

O próprio Palestrante se encarregou de responder à pergunta:

"A AUTOCONFIANÇA é o ingrediente número 1 para o sucesso de um Líder de vendas".

Essa é a pura verdade! Não há como ser bem-sucedido como Líder de Vendas, se não tiver uma AUTOCONFIANÇA ACIMA DA MÉDIA.

Você sabe o que é AUTOCONFIANÇA? Autoconfiança é a confiança em si mesmo.

Você acredita em si mesmo? Acha que é possível adquirir autoconfiança?

Certa vez, estava lendo sobre GERENCIAMENTO DE EQUIPES DE VENDAS e o livro disse algo que mudaria, e muito, a minha forma de agir. O livro dizia que O PODER DO PENSAMENTO é decisivo para qualquer LÍDER chegar ao auge da carreira, principalmente adquirir AUTOCONFIANÇA.

O livro era tão bom que o li em um único final de semana. Uma das frases que mais me impactou no livro foi PARA SE TORNAR UM GRANDE LÍDER, APRENDA A CONTROLAR A SUA MENTE.

Um líder com bons pensamentos constrói uma AUTOCONFIANÇA acima da media. Uma das coisas que você tem que APRENDER para controlar sua mente é ESQUECER O PASSADO. Você fica se lembrando do seu passado?

Fiquei três dias com um dos maiores "Diretores de vendas do Brasil", a fim de desenvolver ainda mais o meu potencial para LIDERAR uma Equipe.

Um dos pontos que mais discutimos foi a ORGANIZAÇÃO. Por que você acha que debatemos esse ponto? Muito simples! Líderes desorganizados têm baixa autoconfiança.

Há muitos bons Líderes de Vendas, porém há Líderes que têm pontos que trabalham contra a sua autoconfiança. A desorganização é uma delas.

E a sua IMAGEM? Você cuida dela?

Uma das matérias mais lidas da Revista Business and Management foi a de capa, onde a manchete era: CUIDE DA SUA APARÊNCIA E SUA EQUIPE VENDERÁ MAIS.

A grande mensagem que a MATÉRIA trazia era que, "quando o Líder cuida da sua aparência", exerce uma influência maior na sua Equipe. A MATÉRIA focava no poder da influência do líder através da sua imagem pessoal.

Essa mensagem parece até óbvia, mas o que poucos entendem é que, quando o Líder cuida da aparência, sua AUTOCONFIANÇA AUMENTA CONSIDERAVELMENTE.

Mas há PONTOS fortes de um Líder que, quando bem trabalhados, reforçam ainda mais a AUTOCONFIANÇA.

No dia 07 de outubro de 2009, meu Diretor de Vendas Ruben Pestana me fez a seguinte pergunta:

— Quais são seus talentos?

— Não sei. — respondi.

— Como não sabe? É importante um Líder de Vendas saber quais são seus talentos. — afirmou.

— Como descubro os meus talentos? - perguntei.

Ele pensou e respondeu:

— No que você é forte? O que faz com prazer? O que faz que todo mundo reconhece? Estes são os seus talentos. Invista neles!

Confesso que nunca havia parado para pensar nisso. Não me lembro a última vez em que parei para investir nos meus talentos.

Ruben era um homem com alto conteúdo e orientou-me a INVESTIR NOS MEUS TALENTOS, para que minha AUTOCONFIANÇA crescesse ainda mais.

Poucos Líderes de Vendas investem no seu talento. Alguns nem sabem quais de fato são seus talentos. Raros são aqueles que realmente se dedicam em investir no seu talento.

Conheci um grande gerente de vendas, que sabia que o seu grande TALENTO era sua capacidade de sorrir. Ele praticamente nasceu "sorrindo". Qualquer que fosse a situação, estava sempre sorrindo. Investiu nesse seu talento. Cada dia que passava, investia mais em seu SORRISO, sendo até chamado de GERENTE SORRISO.

Está investindo nos seus talentos para aumentar sua AUTOCONFIANÇA?

Quer um grande segredo compartilhado por Jimmy Mendez sobre como aumentar a autoconfiança de um Líder?

Jimmy, sempre foi fanático em conquistar todas as campanhas de vendas que participou. Sempre foi um dos três primeiros mesmo quando era vendedor. Quando foi promovido a Gerente de Vendas, também foi um dos três primeiros.

Certa vez, fui visitá-lo e fiquei fascinado com a quantidade de troféus que exibia no armário, que ficava em frente. Perguntei o porquê de "exibir" seus troféus.

"em primeiro lugar, gosto de exibir minhas conquistas para a minha equipe ver que é possível chegar lá".

"há outro fator importante ainda. Todos os dias, vejo os troféus que conquistei e isto me dá uma autoconfiança acima da média.".
"acredito que o fato de estarem expostos aqui auxiliam os desafios do meu dia a dia".

Jimmy tinha razão. Outro grande campeão de vendas que conheci foi Alfredo Gomes. Ele sabia que, para AUMENTAR SUA AUTOCONFIANÇA, tinha que "enxergar" seus grandes feitos realizados.

"sempre gostei de olhar para as minhas conquistas todos os dias. Gosto que meus vendedores vejam que cheguei lá, e que eles também chegarão".

É importante, para sua autoconfiança e para a dos seus vendedores, que vejam o que já conquistou, pois dará mais força ainda para eles.

Há cerca de um ano, fui visitar Vince Benitez para saber o que tinha em mente sobre seu próximo livro de Liderança em Vendas.

Vince recebeu-me em um luxuoso hotel no centro de San Diego, conversamos durante meia hora. Neste tempo, seu celular deve ter tocado umas 07ou 08 vezes. Todas as vezes, ele disse que retornaria depois. Contou-me detalhes sobre o próximo livro e avisou que o capítulo que mais gostava era sobre PLANEJAMENTO DO FUTURO.

Perguntei a ele o que realmente queria dizer no capítulo: "a maioria dos Líderes não sabe o que fará no futuro". "Quando pergunto para os Líderes onde querem estar daqui a cinco anos, poucos sabem responder".

"Quando pergunto onde querem estar daqui a dez ou 15 anos, muitos não conseguem nem pensar".

Na verdade, poucos líderes entendem que o planejamento dará uma AUTOCONFIANÇA acima da média.

Poucos líderes têm planejamento pessoal para os próximos anos. Você tem? Sabe onde quer estar daqui a cinco anos? Daqui a dez anos? Daqui a15 anos?

Saiba que o fato de planejar já lhe dará uma AUTOCONFIANÇA ACIMA DA MÉDIA.

Não basta ter somente planejamento. É importante ser DILIGENTE para alcançar resultado. Grandes LÍDERES DE VENDAS são DILIGENTES. Buscam, através de um esforço persistente, chegar ao planejamento que fizeram.

Quer conhecer outra forma para aumentar sua AUTOCONFIANÇA?

Conheça as palavras do bilionário Thomaz Friedman, que fez fortuna no Mercado de imóveis na cidade de Nova York.

"O que o líder tem que fazer para aumentar a sua autoconfiança é entender o potencial do Mercado em que atua".

"Quando o líder mergulha nos números, participação de mercado, volume de negócios, principais concorrentes etc. aí sim sua autoconfiança cresce assustadoramente.".

A autoconfiança de um LÍDER DE VENDAS vem do conhecer o negócio. Esteja preparado para os DESAFIOS DO SEU NEGÓCIO!

A sua EQUIPE tem que ser a sua cara. Quem o levará ao SUCESSO são as PESSOAS.

Quanto maior a sua AUTOCONFIANÇA, maior será a da sua EQUIPE.

Capítulo 15

Como se tornar um líder-negociador

Capítulo 15

No dia 19 de maio de 2007, saiu uma MATÉRIA na Revista Business and Management, com Bruce Chapman, um dos maiores especialistas em NEGOCIAÇÃO dos Estados Unidos, que escreveu inúmeros artigos em Revistas e Sites voltados à negociação.

Essa matéria tinha pelo menos três páginas e o título era O PODER DO LÍDER-NEGOCIADOR EM VENDAS.

Bruce revela o que realmente faz um LÍDER NEGOCIADOR:

"para influenciar seu vendedor, você precisa aprender a valorizá-lo". "não há como influenciar uma pessoa, sem antes valorizá-lo".

"se quer influenciar um vendedor, terá que fazer isso primeiro".

Há várias qualidades para se tornar um LÍDER-NEGOCIADOR em Vendas, mas tem uma que é principal e que foi apontada por Bruce: A CAPACIDADE DE SE COLOCAR NO LUGAR DO OUTRO.

Você consegue se colocar no lugar do seu vendedor? Quando está negociando com seus vendedores, procura entender o que ele quer? Procura entender o que está passando na cabeça dele?

A grande dificuldade de um Líder de Vendas é entender o que o seu vendedor quer. O que cada um dos seus vendedores quer? Você sabe?

"a melhor forma de valorizar um vendedor é o mesmo sentir que você o respeita". - disse Meg Sullivan, Supervisora de Vendas de uma grande empresa de Computadores.

Meg trabalha com vendas há quase 20 anos. Durante esse tempo, foi uma excelente vendedora e também uma Grande GERENTE DE VENDAS.

Ela ganhou praticamente todos os prêmios no último ano. Sabe que o que tem de forte é SABER NEGOCIAR COM SEUS VENDEDORES.

Veja abaixo o que ela pensa de um Líder de Vendas Negociador: "se um Líder de Vendas quer influenciar um vendedor, tem

que ser um bom ouvinte".

"você mede a grandeza de um Líder Negociador pela capacidade que tem de ouvir seu vendedor".

Na verdade, poucos Líderes de Vendas conseguem ficar sem "falar" frente a um vendedor subordinado.

Todos querem falar mais, porque querem mostrar a sua superioridade. Não queria mostrar sua SUPERIORIDADE falando mais do que seus vendedores. Isso não é habilidade para um Líder-Negociador.

Em quase 30 anos de vida empresarial, conheci poucos Líderes que sabiam negociar com sua Equipe de Vendas. A maioria queria EXPOR seu ponto de vista e sempre faziam questão de colocar o VENDEDOR NO LUGAR DELE.

Não se engane! Se quer LIDERAR acima da média, terá que ser um NEGOCIADOR acima da média.

Quer um exemplo de um Líder de Vendas Negociador acima da média?

Aprenda então com Tony Lopes:

"todos os vendedores no mundo querem descontos. Não há vendedor no mundo que não peça descontos".

"logo que assumi minha equipe de vendas, aprendi que qualquer desconto que um Gerente de Vendas autorizar, terá que pedir algo em troca".

"se um vendedor lhe pedir um desconto, peça que reponha este desconto em outra venda, ou seja, ele tem que sentir que você dá valor aos descontos".

Acontece que, em muitos casos, os GERENTES DE VENDAS também querem vender e acabam cedendo à pressão dos vendedores. Lembre-se de que se conceder algo fora da regra para um VENDEDOR, todos também vão querer. Não vicie a sua Equipe. Há muitos

Gerentes que acabaram viciando a sua Equipe. Seja justo e honesto com todos na sua Equipe de Vendas.

Meu primeiro grande mentor foi Robert Diaz. Quando fui promovido a Gerente de Vendas, uma das primeiras coisas que ele me ensinou foi: "lembre-se de que o que der de desconto para um vendedor terá que dar para todos, caso contrário terá sérios problemas. Não fique refém dos seus vendedores. Você é o comandante e ditará as regras. Portanto, comporte-se como tal".

Robert foi um grande mentor que tive como Gerente de Vendas. Ele sempre alertava que um dos maiores problemas de um líder é dizer SIM para tudo e todos.

"dizer sim para todos não é LIDERAR. Tenha certeza de que, para LIDERAR, haverá horas em que você falará sim, e também haverá horas em que você terá que falar não".

"jamais pense em agradar a todos. Este é um dos maiores erros de um Líder".

Um dos maiores problemas de uma empresa é o LUCRO. Quando o Líder se sente pressionado a dar descontos, isso afetará a margem de LUCRO da Empresa. Muitos Gerentes se descuidam da SAÚDE FINANCEIRA DO NEGÓCIO, porque estão focados em vender ou porque são massacrados pelos "pedidos" de descontos dos vendedores. Você está preocupado com o Lucro da sua Empresa ou está cedendo aos pedidos de descontos da sua Equipe de Vendas?

Não deixe a pressão pelos DESCONTOS influenciá-lo para trabalhar em função das vendas e não dos lucros.

Um bom LÍDER-NEGOCIADOR sabe que terá que negociar, fazer concessões, mas jamais poderá perder de vista o LUCRO da COMPANHIA.

Coloque-se no lugar de um BANQUEIRO. Ele pode fazer inúmeros negócios, mas jamais perde o foco no LUCRO.

Conheci um Gerente de Vendas com o nome de Cesar Antunes. Ele acreditou que jamais seria demitido. Fiquei uns três anos sem vê-lo, mas eu conhecia os Diretores dele. Certo dia, cruzei com um dos diretores, que me avisou que havia demitido o Cesar. Na hora, perguntei:

— Por que mandou Cesar embora?

— Simplesmente ele não vendia sem dar descontos. Concedia descontos exageradamente para a sua Equipe de Vendas. — respondeu o Diretor.

Muitos Gerentes estão FOCADOS em Vender e não em dar LUCRO para as empresas onde trabalham.

É mais fácil para um Gerente de Vendas conceder um desconto do que colocar a cabeça para pensar em ESTRATÉGIAS DE VENDAS.

O Bilionário James Foster construiu sua fortuna a partir do zero. Ele criou uma das maiores cadeias de Farmácia dos Estados Unidos. Sempre destacou o treinamento que fazia com os Líderes que tem em cada uma de suas farmácias.

"um dos maiores desafios de um Líder é negociar os conflitos internos em uma Empresa. Não há empresa no mundo que não tenha conflitos internos, porém os Líderes necessitam saber negociá-los".

Ser um LÍDER-NEGOCIADOR é saber lidar com os conflitos internos e conflitos entre vendedores.

Se você dirige uma empresa em que as VENDAS são o PULMÃO DIÁRIO, terá que entender e saber negociar os conflitos principalmente entre vendedores da sua Equipe de Vendas.

Há duas coisas que terá que entender em termos de administração de conflitos:

OUÇA OS DOIS LADOS. Isso mesmo! Jamais tome uma decisão sem antes OUVIR OS DOIS LADOS. Essa é uma ATITUDE de sabedoria de um Líder. Ouvir os dois lados dará condições de tomar a melhor decisão possível.

Jamais tome uma decisão sem ouvir os dois lados. E, o mais importante ainda, JAMAIS tome uma DECISÃO de forma imediata.

Ouça o conselho de Robert Donson, autor do Best Seller Liderando para ganhar.

"vá dormir. Em uma situação de conflito com pessoas, não tome a decisão imediatamente. Vá dormir".

Quer outro conselho de Steve?

"sempre que puder, peça conselhos para outras pessoas que não estão na situação de conflito".

"se quiser ser mais eficaz ainda, peça conselhos de pessoas que estão fora da empresa. Isso o ajudará, e muito, a tomar a decisão final". Se quer ser um LÍDER-NEGOCIADOR, tenha sempre em mente que querer agradar a todos é MANIPULAÇÃO e não LIDERANÇA.

Capítulo 16

Como estabelecer e definir as metas de vendas

K.L.A.
Escola de Vendas

Capítulo 16

Você já ouviu falar de Spencer MacNamara? Sabe quem é Spencer MacNamara? Se não o conhece, é importante procurar saber tudo sobre ele, pois é considerado o MAIOR GERENTE DE VENDAS DO MUNDO.

Ele tem um desempenho fantástico através das suas Equipes de Vendas.

Quando estive em seu escritório, espantei-me com o número de premiações que tem na parede, ao lado da sua mesa. É algo simplesmente fantástico! Com sua equipe, são verdadeiros batedores de METAS.

Perguntei a ele:

— Spencer, qual o segredo para se bater as metas?

Ele pensou e respondeu:

— A primeira regra é saber se a meta está certa, se está ajustada de acordo com o potencial de cada um.

Além disso, o que mais pode nos dizer?

— Um dos maiores segredos para se bater a meta é saber qual é o tempo estabelecido. A experiência nos diz que METAS DE CURTO PRAZO são mais impactantes. Jamais trabalhe com prazos muito longos. Isso desestimula a equipe.

Muitos Líderes de Vendas caem na tentação de colocarem prazos longos. Isso acaba trabalhando contra o processo.

Quer saber mais um erro dos Gerentes de Vendas? A maioria dos Gerentes estipula um crescimento sem ao menos ter um parâmetro para justificar ou se basear, a fim de estipular o número da meta.

Quais parâmetros você utiliza para definir a meta de vendas da Empresa? Qual o histórico dos últimos anos? Qual o cenário daqui para frente?

Não há como estabelecer metas para seus vendedores, se não tiver um parâmetro a ser UTILIZADO. Qual é o parâmetro que utiliza?

Certa vez, meu Gerente de Vendas disse: "Este ano temos que crescer 20%". Respondi: Baseado em quê?. A pergunta-chave que tem que ter em mente no comando é

"Por quê?" Tudo que se diz relativo a números, tem que sempre fazer essa pergunta: "Por quê?".

Quer saber algo que todos os Gerentes se esquecem de falar na hora em que estão tratando de números com os acionistas ou diretores: INVESTIMENTOS.

Sua empresa precisará de mais investimentos no próximo trimestre, semestre ou ano? Não se esqueça desse assunto.

Michael Schmidt já era milionário aos 27 anos de idade. Nunca achou que chegaria tão rápido ao primeiro milhão. Trabalhou muito. É um grande empresário e homem de visão.

Quando comprou seu primeiro avião, na época, com 25anos, já se destacava nas principais revistas de negócios dos Estados Unidos.

Quem acompanhou a vida de Michael Schmidt sabia que seria um vencedor. Além de grande vendedor, também foi um grande gerente de vendas.

Uma das coisas que descobriu quando era Gerente de Vendas é que: "a maior ilusão dos gerentes de vendas é achar que, aumentando o número de vendedores, as vendas aumentarão".

"isso é uma armadilha. Aumentar o número de vendedores significa aumentar CUSTO FIXO".

"em hipótese alguma, um gerente de vendas poderá pensar que, aumentar o número de vendedores, as vendas aumentarão". O Grande SEGREDO é treinar sua Equipe atual. Capacite sua Equipe atual. É melhor treinar seu EXÉRCITO ATUAL do que pensar em contratar novos vendedores.

Na empresa de Michael, há algo também muito "sagrado" entre todos os Gerentes de Vendas. Todos os Gerentes de Vendas, sem exceção, fazem rodízio na carteira de clientes entre os vendedores da sua Equipe. Eles sabem que há vendedores que se acomodam na sua carteira de clientes.

Há outras estratégias que os Gerentes de Michael utilizam: segmentam os clientes de acordo com o perfil de cada vendedor.

Todos os Gerentes de Vendas de Michael são treinados para terem resultados. Sem resultados, é impossível trabalhar com Michael. Eles são avaliados o tempo todo e são também orientados o tempo todo para atingirem a meta.

Um dos maiores desafios de um Gerente de Vendas para fazer a meta é: "vender" a meta para ele mesmo. Se não "vender" a meta para você mesmo, dificilmente a venderá para sua Equipe de Vendas.

"se não comprar, não conseguirá vender". — disse-me John Turner.

Acredito que John tenha sido um dos meus melhores mentores. Era um Gerente muito disciplinado e fazia algo que poucos fazem: PEDIA PARA QUE CADA VENDEDOR ESTIPULASSE INDIVIDUALMENTE SUA META.

Veja que cada vendedor tinha a liberdade para estipular sua meta.

É possível isso? John sempre dizia:

"quando um vendedor estipula a meta dele, automaticamente a obrigação de fazer a meta praticamente duplica".

"não há como falar mal da meta que ele mesmo estipulou".

Em seu negócio, é possível os vendedores estipularem as próprias metas? Pense nisso.

Agora o grande PECADO é achar que todos os vendedores são IGUAIS. Aí está o MAIOR ERRO DE UM GERENTE DE VENDAS, OU SEJA, ATRIBUIR AS METAS POR IGUAL.

Você faz isso? Qual o critério para atribuir a meta individualmente?

Lembre-se de algo que Cristina Lima disse há muito tempo no seu livro O POTENCIAL DE CADA UM: "não somos iguais. Somos diferentes. Cada um tem um potencial único".

Cristina tinha razão. A maioria dos Gerentes acha que todos têm o mesmo potencial e estão no mesmo nível.

"o Gerente tem que estabelecer metas de acordo com o potencial de cada um. Esse é o segredo para o Gerente fazer as metas".

Não queira achar que todo mundo é igual. Estabeleça desafios de acordo com o potencial de cada um.

Quer uma estratégia para isso ficar mais claro ainda para você? Divida sua equipe em três faixas.

Faixa 1 – São os campeões. Os campeões são importantes. Conhecem o negócio, a cultura, mas os Líderes de Vendas não podem se tornar reféns dos campeões.

Faixa 2 – São vendedores que têm potencial, portanto acompanhe-os, treine-os para que os mesmos possam ir à Faixa1.

Faixa 3 – São os vendedores que não têm potencial. Esta faixa demanda preocupação. Veja quem realmente tem potencial para ficar no negócio.

Siga essas orientações e se sairá melhor. Não se ESQUEÇA de algo essencial na vida de um GERENTE DE VENDAS: se há metas, têm que ser BATIDAS.

COMEMORE. COMEMORE SEMPRE! NÃO IMPORTA O TAMANHO DAS METAS ATINGIDAS. PREOCUPE-SE EM COMEMORÁ-LAS!

Capítulo 17

Aumente a credibilidade da sua empresa e venda mais

Capítulo 17

Um dia estava lendo uma conceituada revista e percebi um anúncio recrutando Gerente de Vendas para uma grande empresa canadense. O que me chamou a atenção no anúncio era que descrevia o cargo e, no final, havia uma mensagem: "PROCURAMOS ALGUÉM QUE COLOQUE TODA A EMPRESA PARA VENDER".

Tive curiosidade e mandei um e-mail para tal empresa, para entender o que significava a mensagem final no anúncio.

Para minha surpresa, três dias depois, recebo uma resposta do Diretor Frank Russell, explicando o porquê de colocar essa frase no final do anúncio:

"nossa preocupação com esta frase é deixar claro que necessitamos de alguém não somente para comandar uma Equipe de Vendas, e sim comandar a Empresa para que a mesma venda mais".

"necessitamos de alguém que vista a empresa de credibilidade, pois, se a empresa transmitir credibilidade, aumentaremos nossas vendas".

"é responsabilidade do líder de vendas amarrar todos os pontos da empresa para transmitir credibilidade e vender mais".

Frank era um sábio diretor de vendas. Há muitos Diretores de Vendas por aí, mas poucos têm o conhecimento e sabedoria para entender que podem colocar a EMPRESA para vender mais, somente fazendo ajustes que transmitam maior credibilidade aos clientes.

Você pensa nisso? Pensa em "vestir" a sua empresa com credibilidade para suas vendas aumentarem?

O GRANDE LÍDER DE VENDAS tem que enxergar a empresa como um TODO. Tem que entender que, qualquer contato de alguém com nossa Empresa, é uma OPORTUNIDADE DE VENDERMOS.

Pare e pense. É fácil achar o telefone da sua empresa no site? É fácil achar o endereço da sua empresa no site? São pequenos detalhes que fazem a diferença e transmitem uma credibilidade acima da média.

A grande Consultora de Vendas Meg Schmidt disse, em um dos seus vídeos:

"há detalhes tão simples, mas tão importantes para uma empresa transmitir credibilidade e vender mais".

"os líderes de vendas têm que estar atentos, por exemplo: telefone, e-mail e endereço. São pontos importantes e têm que estar legíveis no site da empresa".

Meg disse, ainda no vídeo, que há algo que transmite uma credibilidade acima da média:

"todo fundador tem que gravar uma mensagem e colocar no site da Empresa".

A mensagem do fundador ou algum líder gravada em vídeo demonstra que a empresa tem uma CARA. Isso mesmo! Grave uma mensagem, coloque na página da empresa. Isso tem um valor INCRÍVEL para quem está o conhecendo pela primeira vez.

Quer ver outra Estratégia? Quanto tempo sua Empresa está no mercado? Há mais de 10 anos? Os clientes sabem disso? Sabem que você tem o tempo que tem?

Qualquer fato que diz a respeito da sua Empresa transmite uma CREDIBILIDADE acima da média.

No início de 2013, o Hotel Blue Stars, de Nova York, recebeu uma reclamação de pelo menos duas páginas, nas quais um cliente dizia que o atendimento telefônico era péssimo. Era um atendimento amador, que não transmitia credibilidade e, acima de tudo, a pessoa que o atendeu era muito grossa.

Com a reclamação nas mãos, o Gerente Peter Send tomou a iniciativa de ligar para o cliente e o que ouviu foi algo que não gostaria nunca de ter ouvido. Veja abaixo as palavras do próprio Peter:

"o que eu escutei do cliente serviu-me a vida inteira. Foi muito mais valioso do que todos os seminários que frequentei".

"o cliente disse que o nosso atendimento telefônico não passava nenhuma credibilidade. Disse que deveríamos colocar vendedores para atenderem o telefone. Pessoas que vendem é que tem que atender ao telefone".

"a partir desse diálogo, falei imediatamente com o nosso Presidente e todas as ligações foram direcionadas ao nosso departamento de vendas".

Quanto vale um diálogo desse com um cliente? Quantos clientes já nos abriram a cabeça sobre a forma de dirigirmos a nossa empresa? Você precisa ter em mente que é preciso SER CONSUMIDOR DA SUA EMPRESA. É preciso ligar lá para ver como será ATENDIDO. Ligue para comprar. Há quanto tempo não liga para sua Empresa para comprar?

Em março de 2007, foi publicado, em uma das principais revistas de Gestão, um artigo com o título SEUS CLIENTES VISITAM A SUA EMPRESA? Este artigo mudou a vida de muitos Dirigentes de Vendas, pois alertou o fato de que muitos clientes nos visitam, por meio de uma ligação telefônica ou até mesmo uma visita pessoal.

Muitos Líderes de Vendas confundem essa estratégia no seu dia a dia, pois acham que, pelo fato de não receberem visitas pessoais dos clientes, acabam não verificando outros aspectos da empresa.

Em um almoço, perguntei ao famoso Empresário Bill Jackson como fazia para "vestir" sua empresa de credibilidade para vender mais.

— Bill, quais as estratégias para transmitir credibilidade e vender mais? — perguntei.

— O fato é que a maioria dos Líderes não têm os olhos atentos em tudo na empresa. Alguns não enxergam que a empresa precisa transmitir credibilidade para vender mais. Não adianta você implantar vários canais com o consumidor, se não entender que a maneira como trata seu funcionário será a mesma que ele tratará seus clientes. — respondeu ele.

— Como assim? — perguntei.

— Não podemos nos esquecer da nossa "linha de frente", ou seja, nossos funcionários. Eles que têm o contato direto com os clientes, que vão dar o tratamento diferenciado para quem nos procura. Não podemos nos descuidar disso. Vejo empresas que gastam milhões em tecnologia e se esquecem de pensar no funcionário que está falando com os clientes. Aqui cuidamos, além da tecnologia, do funcionário.

Alguns empresários utilizam uma ferramenta mundialmente conhecida como CLIENTE OCULTO. Isso mesmo! Várias empresas prestam esse tipo de serviço e depois enviam um relatório para a empresa que os contratou.

Tony Javier disse que nunca deixa de utilizar o "cliente oculto" na sua rede de restaurantes.

"desde que fundamos nossa rede de restaurantes, jamais deixei de atuar como cliente misterioso ou cliente oculto. Sempre contratamos esse tipo de serviço para nos ajudar a saber como estamos atendendo nossos clientes. Trata-se de uma ferramenta indispensável para a busca do nosso sucesso".

Você já utilizou o cliente oculto? Já utilizou essa ferramenta?

Saiba que isso pode mudar completamente a forma de pensar em relação ao seu atendimento.

"nunca achei que minha empresa fosse tão mal avaliada dessa forma." — falou Shirley Thompson - Tomei um susto quando peguei o relatório da consultoria que contratamos para medir a qualidade do nosso atendimento".

Shirley é Coordenadora de Vendas da Rede de Perfumes LIFE. Ela não se conformou com os relatórios finais sobre sua empresa.

Passar credibilidade para vender mais é algo que tem que estar na MENTE dos Líderes de Vendas. Alguns se esquecem da empresa como um todo e focam somente na área de vendas, o que é um erro.

Quer conhecer outro ponto para transmitir credibilidade aos seus clientes? Você pratica PÓS-VENDA?

O PÓS-VENDA é algo que, quando bem aplicado, traz resultados fantásticos. Mas, quando mal aplicado, destrói a credibilidade de uma EMPRESA.

Um dos maiores "pecados" de um pós-venda e que destrói a credibilidade de uma empresa é tentar VENDER OUTRO PRODUTO NO PÓS-VENDA. Jamais faça isso! Tentar vender outro produto no pós-venda é uma forma de DESTRUIR A CREDIBILIDADE.

Se fizer um PÓS-VENDA colocando-se à disposição do cliente que acabou de adquirir o produto, sera FANTÁSTICO!

Tenha uma EQUIPE que cuide somente do PÓS-VENDAS. Tenha uma EQUIPE com foco nesse assunto, pois um pós-vendas pode virar uma PRÉ-VENDA. Esse é o segredo.

Transforme o pós-venda em uma pré-venda.

Seus OLHOS têm que estar em todos os setores da EMPRESA. Faça isso! Coloque CREDIBILIDADE em todos os setores da empresa e venda mais.

Capítulo 18

Os segredos dos maiores líderes de vendas do mundo

Capítulo 18

John Reynolds sempre trabalhou duro, mais de 10h por dia, para uma Empresa, até que montou a própria corretora especializada na venda de seguros de vida. Sempre sonhou em ter uma Equipe de Vendedores trabalhando para ele. Costumava ficar até mais tarde no escritório sonhando em como seria comandar um Esquadrão de Vendas. Quando tomou coragem, foi consultar primeiro um dos seus antigos mentores, que estava vivendo na Europa. Atravessou o Atlântico até Londres, onde esteve com ele por quase três horas.

Chegando a Londres, foi até o local onde a reunião estava marcada. Seu antigo mentor David Castellani já o estava aguardando:

— John, fez boa viagem? — perguntou David.

— Fiz ótima viagem! Estou aqui para saber os segredos dos maiores líderes de vendas do mundo. Quero aprender pelo menos três grandes segredos para liderar uma Equipe de Vendas.

Nesse momento, David pegou um papel e começou a rascunhar o que seria pelo menos três grandes segredos para liderar uma equipe de vendas.

Ele escrevia e falava para John:

— O primeiro segredo é mostrar para sua Equipe como é bom trabalhar com você. Necessitam entender que você acrescentará para eles não só no aspecto profissional mas também no pessoal. Muitos líderes de vendas acrescentam no aspecto profissional, mas poucos na vida pessoal da sua equipe. – explicou David.

John o questionou:

— Por favor, explique melhor?

— Todos nós temos CHEFES ou pessoas que foram nossos superiores em algum dia na nossa vida empresarial, mas poucos acrescentaram alguma coisa na nossa vida pessoal.

Ele acrescentou:

— Quer um exemplo? Líderes com atitudes de campeões são os que marcam a nossa vida. Se um líder apertar a mão, tem que cumprir o acordo. Não importa o acordo que firmar, tem que cumprir. Isto é atitude de um grande LÍDER campeão. Nunca quebre algum acordo com a sua equipe de vendas.

Ele deu a segunda dica:

— Escreva todos os acordos que fizer com sua Equipe. Isso mostrará o quanto se preocupa. O que combinar, escreva.

Ele deu a terceira dica:

— Seus vendedores conhecem a sua família? É importante sua Equipe de Vendas conhecer sua família. Isso dará maior confiança para eles. Poucos líderes mostram a família. Não deixe isso acontecer com você.

David deu muitos conselhos úteis a John, que voltou contente para os Estados Unidos.

Quer conhecer mais um segredo dos maiores Líderes de Vendas do Mundo? Quer conhecer melhor seu vendedor? Você sabia que há um ser humano por trás do vendedor?

Um dos bilionários, no ramo de varejo no setor de automóveis, disse que, toda sexta-feira, saía com sua Equipe de Vendas para jantar. Disse que o fato de estar fora do ambiente de trabalho, fazia com que seus vendedores tivessem melhores ideias e eram compartilhadas com ele.

Lembre-se de que sua POSTURA é fator DECISIVO para se portar como um LÍDER campeão. Há inúmeros líderes com bons resultados, mas com uma POSTURA abaixo do desejável. Há inúmeros líderes sem credibilidade.

Quer saber o que destrói a credibilidade de um Líder? JAMAIS fale mal da sua Empresa ou de pessoas. Líderes Campeões fogem disso.

Quer outra dica para se comportar como um Líder campeão? Cuidado com o uso de e-mails longos, pois destroem a credibilidade de um Líder. Fique atento!

Fique atento ao EXCESSO DE E-MAILS. Não caia na tentação de enviar muitos e-mails para sua equipe durante o dia.

Alain Jones disse:

"A comunicação entre o líder e o liderado determinará o sucesso da equipe'.

Grandes Líderes de Vendas influenciam sua Equipe através da fala. Modere sua fala, ouça mais. A sua oratória com a Equipe determinará sua credibilidade.

Quer conhecer outra grande atitude de um Líder de Vendas Campeão?

"uma das maiores atitudes de um Líder Campeão é encher-se de conhecimento para liderar". — disse Ruben Schurmann.

Ele sabia, como ninguém, o que são atitudes de líderes campeões. Dirigiu, por treze anos, a maior empresa de vendas diretas dos Estados Unidos. Entrou nessa empresa como auxiliar de escritório e chegou a presidente.

Ele sempre costuma dizer para seu quadro de Gerentes de Vendas: "se quer influenciar sua equipe, adquira conhecimento. Foque no aumento do seu conhecimento".

Há quanto tempo não lê um livro sobre Estratégias, negociação ou Vendas?

Como quer influenciar sua Equipe, se não tem conhecimento que os surpreendam?

Encher-se de CONHECIMENTO é o segredo de grandes líderes campeões. Quanto mais CONHECIMENTO TIVER, mais CONHECIMENTO SUA EQUIPE TERÁ. O tamanho do seu conhecimento será o tamanho do conhecimento da sua EQUIPE.

Quer conhecer mais SEGREDOS DOS LÍDERES DE VENDAS CAMPEÕES NO MUNDO? Primeiro entenda que campeão não é somente fazer números. Isso é parte de um campeão. Campeão é transformar sua equipe em outros LÍDERES CAMPEÕES.

Líderes Campeões de Vendas são aqueles que dão IMPORTÂNCIA para uma entrevista de desligamento. Qual é sua atitude quando vai mandar alguém embora? Quem faz a entrevista de desligamento?

Saiba que LÍDERES CAMPEÕES fazem a entrevista de desligamento, pois acabam descobrindo coisas que não haviam percebido no dia a dia.

Uma entrevista de desligamento, quando bem conduzida, dará informações "valiosas" para o líder. Portanto, faça todas as entrevistas de desligamentos dos seus vendedores daqui por diante.

"nunca deixo de explicar o motivo que estou desligando um vendedor. Isso o fará sentir-se importante. Isso o fará sentir-se respeitado. Temos que respeitar a todos que estão se desligando".

Procure não fazer um desligamento traumático. Estamos sempre desligando seres humanos que merecem nosso respeito.

Um dos maiores segredos de um Líder Campeão é entender que, tudo que faz, a equipe sabe. Isso mesmo! Tudo que um Líder faz todo mundo sabe.

Os passos de um Líder são "medidos" e "calculados". Todo mundo sabe o que fez ontem, hoje e o que fará amanhã. Já parou para pensar nisso?

Qualquer passo que der, sua equipe saberá. A melhor forma de mostrar que está perto quando está longe é nomeando um CAPITÃO.

Quando estiver LONGE, esteja PERTO. Nomeie alguém para ficar no seu lugar. A figura do CAPITÃO é uma forma de todos saberem que está "junto" deles.

Tive um Diretor de Vendas que viajava muito e, por incrível que pareça, era nas viagens dele que mais perto o sentíamos. Ele nunca estava ausente, pois sempre alguém estava no lugar dele.

Faça como os MAIORES LÍDERES DE VENDAS DO MUNDO, ESTEJA PERTO QUANDO ESTIVER LONGE!

Capítulo 19

Como colocar sua equipe focada na conquista de novos clientes

Capítulo 19

o dia 10 de maio de 2011, John Caine foi chamado à sala do seu chefe, o qual perguntou:
— John, é possível conquistar novos clientes?
— Com certeza. Mas teremos que ter foco nisso — respondeu.

— Pois é, John! Temos um problema sério, nossos vendedores estão reféns dos atuais clientes. Você tem alguma ideia para resolvermos isso?

Ele ficou sem resposta. Seu chefe não gostou do silêncio que se instalou na sala. Tratou de adiantar a resposta que queria ouvir:

— Vamos colocar nosso ESQUADRÃO DE VENDAS focado em novos clientes. Não podemos ficar reféns do nosso quadro atual.

Ele sabia que o recado estava dado. Empresa "inteligente" sabe que há necessidade de focar em busca de clientes novos.

Qual é o segredo para buscar novos clientes? Existe um segredo: FOCAR NISSO! Você deve estar pensando "como focar nisso?".

Veja as palavras do Consultor de Vendas Keith Branson:

"tenha metas para a conquista de novos clientes".

"todo vendedor tem que ter uma meta individual para conquistar novos clientes".

"tenha premiações para os vendedores que conquistarem mais

clientes".

Se colocar ENERGIA nesse assunto, conquistará novos clientes.

A decisão de CONQUISTAR NOVOS CLIENTES começa na cabeça do Líder. Se não PENSAR nisso, não acontecerá. Acontece que muitos LÍDERES esperam que OS VENDEDORES FOQUEM na busca de novos clientes, mas não é REAL, pois todo vendedor quer vender para quem já está comprando.

A decisão está com o LÍDER em FOCAR ou não na busca de NOVOS CLIENTES. Você está focado nisso? Está focado em colocar sua Equipe na busca de novos clientes? A decisão tem que partir de você. Não espere que outros tomem a decisão, isso é DECISÃO DO LÍDER DE VENDAS.

Quer saber a orientação da Consultora de Vendas Kelly Simon sobre a CONQUISTA de novos clientes por parte de uma empresa:

"todo líder deve CRIAR uma INTELIGÊNCIA ESTRATÉGICA sobre esse assunto".

"o líder precisa enxergar como se conquista novos clientes".

Kelly explicou-me como é isso na prática:

— Procure primeiro examinar a base atual de clientes. Veja se é possível seus vendedores pedirem indicações para eles. Muitas vezes, o mapa da mina está "dentro de casa".

Fiz outra pergunta a ela:

— Com que frequência devo fazer isso?

— Todo Vendedor tem que fazer um RAIO X da base. Não há um período ideal para que seja feito esse tipo de estratégia. Cabe ao vendedor avaliar o processo. Verificar quais são os clientes fidelizados e quais têm um bom relacionamento. Eles têm que extrair indicações dos clientes fidelizados.

Todos que trabalharam com o bilionário texano Raul Gonzales sabem que nunca abriu mão da sua Equipe vender muito para clientes novos.

Raul é o criador de uma das maiores empresas de vendas diretas da Califórnia. Criou inúmeras ESTRATÉGIAS de vendas para seus VENDEDORES.

"...passei meus últimos 20 anos criando estratégias para vendedores...".

"... não abro mão da busca de novos clientes...".

"... se há uma estratégia que recomendo é visitar seus concorrentes. Seus vendedores têm que visitar os concorrentes para saberem o que estão fazendo na busca de novos clientes...".

"...visitar concorrentes tem que ser obrigação de todos, pois o que se aprende com os concorrentes não tem preço...".

Um dos fatos que mais me marcaram quando trabalhei com Stephanie Richards foi que ela não abria mão de ter um arquivo com campanhas feitas no passado. Tem memória de tudo que já foi feito na empresa para angariar novos clientes.

Você tem um histórico de campanhas passadas que sua empresa já fez em busca de novos clientes? Sabe o que deu certo e que pode ser repetido para conquistar novos clientes? Quais campanhas no passado deram certo? Fale com o pessoal mais antigo da empresa, veja o que deu certo no passado e que pode ser feito hoje.

Lembro-me de um momento que estávamos com as nossas vendas baixas e seguimos o conselho de Stephannie. Para nossa surpresa, descobrimos pelo menos 3 ou 4 estratégias que utilizamos no passado para captação de novos clientes e que voltamos a usar com grande retorno.

Fique atento! O que deu certo no passado e que pode dar certo hoje de novo?

Quer ter novos clientes para sua Empresa? Então, não deixe de criar uma base de possíveis novos clientes.

Seus vendedores necessitarão de uma possível base de novos clientes. Eles precisam enxergar um ALVO. Você tem uma base de possíveis novos clientes para seus vendedores trabalharem?

Criar uma BASE DE POSSÍVEIS NOVOS CLIENTES é a CHAVE para tudo dar certo.

Na matéria de agosto de 2014 da Revista The Power of Sales, saiu um material sobre prospecção de novos clientes e um dos pontos mais comentados era que, sem BASE DE POSSÍVEIS NOVOS CLIENTES, não há como focar nesse assunto.

Crie uma DIVISÃO na sua empresa responsável pela prospecção de novos clientes. Crie um departamento ou equipe para se preocupar com isso o tempo todo. Crie uma INTELIGÊNCIA ESTRATÉGICA PARA CUIDAR DISSO.

A CONQUISTA DE NOVOS CLIENTES DEPENDE EXCLUSIVAMENTE DO FOCO QUE O LÍDER COLOCA NESSE ASSUNTO.

Capítulo 20

As atitudes dos grandes líderes de vendas

Capítulo 20

"Somente cheguei ao topo depois que tornei minha família um aliado. Sem minha família, jamais chegaria onde estou."

Essas palavras foram proferidas por Michael Ballmer, no exato momento que tomou posse como Diretor Mundial de Vendas, da maior Empresa de Cosméticos dos Estados Unidos.

Ele sabia que a família é fator FUNDAMENTAL para o sucesso de um Líder de Vendas.

A maioria dos Líderes de Vendas bem-sucedidos no mundo tem uma aliança estratégica com sua família. Muitos são bem-sucedidos, porque têm a família como um aliado.

Você compartilha com sua família seus DESAFIOS EMPRESARIAIS e sua luta diária?

"... a maioria dos LÍDERES DE VENDAS escondem da família os desafios que enfrentam no dia a dia. Não há motivo para isso. A família é um alicerce importante na vida de cada um ..." — disse Roy Nelson, grande diretor de vendas, que foi meu chefe.

Roy foi um dos maiores Diretores de Vendas que tive o prazer de ser subordinado. Jamais vi alguém com tamanha proximidade da família. Ele sempre dizia: "... uma das maiores estratégias de um

Líder de Vendas é andar em companhia da sua família. Isto é ATITUDE DE UM GRANDE LÍDER DE VENDAS...".

Quer conhecer outra ATITUDE DE LÍDERES CAMPEÕES DE VENDAS? Você sabia que todas as Empresas têm problemas? Se todas as empresas têm problemas, então a sua também tem, concorda?

Empresas são conduzidas por pessoas e, consequentemente, todas as pessoas têm problemas, portanto as empresas também têm. Em todos os lugares, haverá desafios para um LÍDER. Não queira fugir disso.

O que você precisa entender é que LIDERANÇA é ATITUDE, e uma das atitudes que um Líder de Vendas deve ter é pedir para ser AVALIADO. Você deve fazer avaliações dos seus subordinados, porém deve ser AVALIADO por seu superior também.

Está preparado para ser avaliado pelo seu superior? Há quanto tempo não é avaliado?

"... avaliação dos vendedores é uma coisa corriqueira, todos os gerentes devem fazer. Agora, avaliação do Gerente de Vendas tem que ser feita também..".

Em agosto de 2009, tive o prazer de tomar um café com Brian Chapman, ex-diretor da Gigante de Seguros Life Plan. Ele trabalhou lá por mais de 20 anos. Sabia muito bem o que era dirigir uma Equipe de Vendas. Chegou a ter mais de 300 Vendedores e 50 Gerentes de Vendas.

Suas palavras expressam muito bem o que é avaliação de um gerente de vendas:

"... avaliação dos vendedores é uma coisa corriqueira, todos os gerentes devem fazer. Agora, avaliação do Gerente de Vendas tem que ser feita também..".

"... inúmeros gerentes se preocupam em avaliar vendedores. Está certo! Mas eles também têm que ser avaliados por seus superiores...".

"... recomendo sempre uma avaliação trimestral. O líder tem que ser avaliado trimestralmente por seu Diretor. De 90 em 90 dias, há a necessidade de verificar a evolução do trabalho...".

Se há um período que recomendo também para avaliações é o trimestral, pois é PERFEITO para as ações. Tenha coragem e peça para seu Líder avaliá-lo no período de 90 dias.

Lembre-se de que não há como ser um Líder Campeão de Vendas se não tiver um mentor. É o mesmo sobre avaliações, você não pode ser somente mentor da sua Equipe de Vendas, também precisa ter um MENTOR. Você tem um MENTOR? Sabe o que é um MENTOR? Conforme já havíamos explicado em capítulos anteriores, MENTOR é alguém que já chegou lá.

Quem é seu MENTOR? Com quem pode buscar CONHECIMENTO para chegar lá? Você tem um mentor?

Não há nenhum LÍDER DE VENDAS bem-sucedido no mundo que não tenha tido alguém para o orientar ou alguém em quem ele se inspirou.

Em uma reunião estratégica que participei, de uma GRANDE IMOBILIÁRIA, seu Presidente (prefiro deixar o nome em anonimato) disse-me que seu segredo era jamais andar sem um MENTOR.

"... andar sem um mentor é o mesmo que dirigir um carro sem volante..".

"...obrigo todo e qualquer gerente da minha equipe a ter um mentor..."

"... meus gerentes não andam sem um mentor..."

Will Jackson não só tinha um mentor como era MENTOR de todos os seus Gerentes. Não havia um só gerente na empresa de Will que não era mentoreado por ele. Ele sabia do poder da MENTORIA junto a sua Equipe.

Ter um mentor é uma GRANDE atitude de um Líder de Vendas.

Uma grande revista de Vendas publicou uma material com o TÍTULO "O PODER DA MENTORIA NO MUNDO DAS VENDAS".

Foi uma matéria de grande repercussão, pois poucos sabiam que ter um MENTOR era a melhor estratégia para um LÍDER.

O papel de um MENTOR também é ajudá-lo a superar os DESAFIOS DE COMANDAR uma Equipe de Vendas.

Você acha que somente terá desafios de comandar uma Equipe? E os desafios da vida como ficam? Quais as atitudes de um líder campeão perante os desafios da vida? Como devem se comportam os Líderes?

Tenha certeza de que as 04 estações surgem na vida de todos, sem exceção. O que difere as atitudes dos campeões é o poder da resiliência.

Você sabe o que é RESILIÊNCIA? Há vários significados, mas tem um que explica todos: O PODER DE SUPERAR OBSTÁCULOS.

Todos nós teremos que ter resiliência em algum momento das nossas VIDAS.

Você já leu o livro "SUPERANDO OBSTÁCULOS"? Se não leu, saiba que é uma ótima oportunidade para conhecer casos de pessoas que superaram obstáculos que até então pareciam DIFÍCEIS de serem superados. Pessoas que conseguiram ÊXITO na vida superando as mais difíceis barreiras.

Uma dica que o LIVRO dá que é a seguinte: SEJA PROATIVO. A maioria dos Líderes em dificuldades se torna REATIVA e não PROATIVA. Essa é a grande DIFERENÇA.

Em qualquer situação de "tribulação" que estiver, ENCARE O DESAFIO. Não o deixe dominar.

Em momentos de tribulação, aceite o conselho de Jennifer Costa, mais conhecida como a mulher de 1 bilhão de dólares.

"... o que tiver que decidir, decida rápido. Não postergue decisões ..."

Nunca postergue as decisões que já foram discutidas. Decida rápido. Isso elevará sua autoconfiança e aumentará sua resiliência. O que tiver que mudar, MUDE rápido! Encare todos os DESAFIOS e a todos. Isto é atitude de grandes líderes de vendas.

Confesso que, até hoje, não consegui achar um LÍDER melhor em vendas do que Scot Mathal, o qual tinha uma foto na parede, atrás da sua mesa, que dizia: "A MAIOR ATITUDE DE UM LÍDER DE VENDAS É ESTAR NO CAMPO COM A SUA EQUIPE".

Scot sempre achou que o segredo do seu sucesso era porque estava sempre nas TRINCHEIRAS com seus vendedores.

"... desde que assumi a minha primeira equipe de vendas, jamais deixei de estar no campo com eles...".

"... sempre tive a consciência de que, quanto mais eu estivesse no campo, mais forte seriam meus vendedores...".

"...estar em campo é atitude de Líder Campeão em vendas...".

Uma das piores coisas que pode acontecer com um Gerente de Vendas é achar que, depois que assumiu uma equipe, não precisa mais trabalhar. Esqueça isso. Nem tente achar que as pessoas trarão os resultados para você.

Não saia do campo de batalha. Não deixe de estar na linha de frente com seus vendedores. Esteja em campo.

"... as melhores ideias que tive foi quando visitava clientes com meus vendedores.." — respondeu Steve Gerald, um grande empresário de Nova York.

Por essa frase, você já percebe onde estava o foco de Steve: nas TRINCHEIRAS com seus vendedores.

Você está em campo com sua Equipe?

Certa vez, o Presidente de uma empresa que eu trabalhava fez a seguinte pergunta:

— Há quanto você não visita um cliente? Há quanto tempo não fala com um cliente? Há quanto tempo não está no campo com um dos seus vendedores?

São perguntas que alguns GERENTES de vendas ficariam alguns dias sem dormir, dependendo da resposta.

O fato é que muitos se AFASTAM do campo, quando são promovidos, pois acham que as vendas acontecerão normalmente. Puro engano! Não caia nessa tentação.

Quer ter uma ATITUDE DE UM LÍDER CAMPEÃO? Coloque todo seu TALENTO a serviço da sua Equipe. Isso sim é ATITUDE DE UM LÍDER CAMPEÃO!

INSPIRAR SUA EQUIPE COM SEUS TALENTOS É A MAIOR ATITUDE DE UM LÍDER CAMPEÃO!

Capítulo 21

Como colocar sua equipe focada no lucro

Capítulo 21

No dia 07 de maio de 2009, foi publicado, em um grande jornal, um anúncio na sessão de empregos com o título: "PROCURAM-SE GERENTES DE VENDAS QUE TENHAM FOCO EM LUCRO".

Por que esse tipo de anúncio? Com certeza, porque muitos GERENTES DE VENDAS focam em vendas e não em LUCRO.

Sua Equipe está focada no Lucro? Você os treina para focarem em LUCRO? Eles sabem fugir da Guerra de Preços?

Guerra de PREÇOS é algo que amedronta qualquer vendedor ou gerente. Quando se encontram nesse tipo de situação, acham que o que resolve é ABAIXAR O PREÇO.

Quantas empresas já quebraram porque o foco estava em vender?

Quantas empresas estão girando porque o foco está em vender?

Carl Jaines foi um grande empresário da área de postos de combustíveis. Chegou ao topo com mais de 20 unidades. No auge, se dava ao luxo de ficar de férias por mais de 02 meses. Jamais imaginou que seu IMPÉRIO pudesse acabar.

Carl entrou em uma tremenda GUERRA DE PREÇOS com seus concorrentes, porém se esqueceu de que a margem de lucro do seu negócio era pequena. Autorizou seus gerentes a praticarem descontos absurdos para derrubarem a concorrência. Focou 100% nos descontos e foi à falência.

Fique atento se estiver dentro de uma Guerra de Preços.

Cuidado para não entrar em um caminho sem volta.

Com que frequência treina sua Equipe de Vendas para focar no lucro? Seus vendedores sabem fugir da Guerra de Preços?

Em uma das últimas reuniões com a Consultora de Vendas Christine Diaz, discutimos bastante sobre equipes de vendas que acham que o problema é preço.

Perguntei a ela:

— Qual é o grande problema de Empresas que enfrentam Guerra de Preços?

— O principal problema está no Líder de Vendas. Muitos vendedores reportam todo o problema de vendas sempre culpando o preço. - respondeu ela.

— O que os líderes de vendas devem fazer em situações como essa? - perguntei

— Eles primeiro devem treinar seus vendedores em relação à argumentação. Os Líderes precisam entender que o argumento mais antigo do mundo refere-se a preço. Se o cliente disser que está caro, o vendedor tem que estar preparado para sustentar o preço. —respondeu ela.

— Quais outras atitudes os Líderes têm que tomar? — perguntei.

Ela pensou e respondeu:

— A maior atitude que um Líder deve tomar é ter CONSCIÊNCIA de que um negócio não vive sem LUCRO. Quando os Líderes têm esta consciência, abrirão caminhos para fugir da Guerra de preços. Fique atento! A primeira e grande atitude é PENSAR EM LUCRO. Este é o único caminho.

Fiz outra pergunta:

— Qual seria então a Estratégia para quem quer entrar em uma Guerra de Preços?

— Na verdade, os Líderes precisam definir se querem vender barato ou abaixarem o preço. Há uma diferença nesta situação. Abaixar o preço pode representar suicídio. Uma Empresa não pode abaixar o preço de uma hora para outra. Isso pode significar o fim.

— E quanto a vender barato? — perguntei.

— Se uma empresa quer vender algo barato, terá que focar no CUSTO. Se a empresa não focar CUSTO, jamais conseguirá sobreviver em uma guerra de preços. Muitas empresas vendem barato, mas se esquecem de focar no custo.

Sua empresa tem foco no controle de CUSTOS? Há preocupação em focar no controle de custos? A sua empresa tem meta para redução de custos?

Há muitas empresas com metas de vendas, mas não com metas para REDUÇÃO DE CUSTO. Já pensou nisso? Já pensou em implantar metas para REDUÇÃO DE CUSTOS?

Quando sua empresa baixou o preço de algum produto, estava com foco no CUSTO? Isso é coisa rara!

Uma vez ouvi a seguinte frase: "É MAIS FÁCIL ABAIXAR O PREÇO, DO QUE CRIAR ESTRATÉGIAS PARA VENDER MAIS".

Essa frase é a pura verdade em relação ao dia a dia nas empresas. Agora, outra frase que vi na sala de um Presidente de uma grande empresa: "SE VOCÊ SE DEIXAR INFLUENCIAR E ACHAR QUE O PROBLEMA É PREÇO, COM CERTEZA SERÁ!".

Há empresas que, quanto mais VENDEM, mais QUEBRAM.

Você quer isso para sua Empresa?

Se realmente não quer isso para sua Empresa, preste atenção na dica que o famoso ESPECIALISTA EM VENDAS, Jim Lincoln, dá em seu vídeo sobre guerra de preços:

"...lembre-se de que a Equipe de Vendas é a cara do Líder...".

"... se você for fraco, toda sua Equipe será...".

"... se for forte, toda sua Equipe também será forte...".

Ele dá uma verdadeira aula de Guerra de Preços no seu vídeo. Deixa claro que boa parte desse assunto está na cabeça dos seus vendedores. Levanta outro assunto POLÊMICO para as Empresas.

"... você paga seus vendedores sobre LUCRO ou VENDAS?".

"...se vai querer brigar no preço com os concorrentes, acho bom começar a pagar seus vendedores sobre o lucro...".

"...essa é uma GRANDE ESTRATÉGIA PARA MANTER SUA EMPRESA

FOCADA NO LUCRO. Pague as comissões sobre o lucro...".

Se seu produto ou serviço permite pagar seus vendedores em cima do lucro, faça isso. Se conseguir implantar isso, sua empresa estará 100% focada no lucro.

Quer conhecer outra ESTRATÉGIA para sua Equipe focar no lucro?

Seu produto ou serviço tem algum benefício estratégico para seu cliente? Há algo que seu produto faz que ninguém faz?

Se há algo que seu produto ou serviço faz que ninguém faz, então um motivo a mais para seus vendedores não pensarem somente em PREÇOS. Este é um motivo a mais para colocar sua empresa focada no lucro.

Seus vendedores PRECISAM estar FORTES na frente do cliente. Quanto mais fortes estiverem, mais fortes ficarão em relação à PRESSÃO PELA BAIXA DE PREÇOS.

TUDO COMEÇA NA MENTE DO LÍDER. O LUCRO COMEÇA NA MENTE DO LÍDER DE VENDAS.

Capítulo 22

Como liderar para construir uma máquina de vendas

Capítulo 22

Na década de 1990, foi muito discutido qual seria o perfil ideal de LIDERANÇA. Houve várias matérias, pesquisas etc. Muito se falou, mas não se chegou a um PERFIL ideal de LIDERANÇA, pois realmente não há.

Se você está em busca de um PERFIL IDEAL DE LIDERANÇA, seria bom esquecer. O que tem que entender é: GOSTA DE PESSOAS?

Vou perguntar de novo: "Você gosta de pessoas?"

Se gosta de pessoas, continue lendo este capítulo. Mas se não gosta, não prossiga.

Este capítulo é para pessoas que gostam de pessoas. Por isso, tem o perfil para desenvolver e comandar pessoas.

Liderar para construir uma máquina de vendas começa com essa pergunta. Se tem dificuldade para se relacionar com pessoas, se não enxerga as pessoas como aliadas para ajudá-lo a atingir seus objetivos, esqueça o tema LIDERANÇA.

Você estudou Liderança? A maioria dos Gerentes não estudou LIDERANÇA. Foi promovida, mas não estudou liderança. Você aprendeu como Liderar?

Não há como LIDERAR sem estudar Liderança. Comece a estudar liderança, pelo simples fato de que NADA ACONTECE SEM LIDERANÇA. As coisas somente MUDAM se o LÍDER AGIR.

Meu amigo James Nelson disse algo que parei para pensar: "se a empresa não está vendendo bem, a culpa é do LÍDER".

Essa frase teve impacto forte quando ouvi. A princípio, não concordei com ele.

— Por que, quando a empresa não está vendendo, a culpa é do Líder?

— Pelo simples fato que é ele quem comanda. Ele é quem pode mudar as coisas. É quem tem que agir. – respondeu James.

Ele continuou:

— Um dos maiores erros de um Líder é achar que as coisas melhorarão sem ele agir. Muitos ficam esperando algo acontecer, mas quem tem que fazer algo acontecer é ele. Há milhares de Gerentes de Vendas no mundo, esperando que algo aconteça do nada. Ficam esperando por um milagre. Na verdade, os líderes não podem delegar aquilo que somente eles podem fazer. — respondeu.

Um dos maiores erros dos Líderes de Vendas foi o que você acabou de ler acima: "os líderes de vendas não podem delegar aquilo que somente eles podem fazer".

Pense nisso! Há coisas que somente a LIDERANÇA pode resolver e uma delas é a falta de venda. Se sua Equipe não está vendendo como você queria, tenha certeza de que a responsabilidade é sua e de mais ninguém. Ninguém lhe entregará o MAPA DA MINA. Somente você pode mudar o RUMO das coisas.

Conheci um Diretor de Vendas de uma Empresa de Seguros que disse algo impactante, quando tomávamos um café:

"muitos líderes querem delegar ações e ideias para venderem mais. Eu chamo isso de liderança insegura.".

Claro que, além das ESTRATÉGIAS, você também terá que contar com as pessoas. Não há como chegar ao sucesso sem Estratégias e pessoas. Uma liderança forte pode transformar COVARDES em GUERREIROS PODEROSOS. Já vi inúmeros casos que uma LIDERANÇA FORTE transformou vários vendedores.

O RECORDISTA DE VENDAS, nos Estados Unidos, de IMÓVEIS é Peter Braum. Ganhou como o maior vendedor de IMÓVEIS dos últimos 05 anos, segundo a Associação de Vendedores de Imóveis dos Estados Unidos.

Em seu último discurso, quando recebeu o troféu, citou a importância que teve uma das pessoas que o liderou durante sua carreira:

"... sempre fui um covarde em vendas. Jamais acreditei que pudesse ganhar algo...".

"...nunca consegui chegar pelo menos entre os 20 primeiros. Minha vida como vendedor não era gloriosa. Na verdade, eu tinha até vergonha dos meus resultados...".

"... tudo mudou quando conheci meu último LÍDER. Ele me encorajou a ser um campeão, um verdadeiro guerreiro. Mudou completamente a minha vida...".

Transformar COVARDES em GUERREIROS CORAJOSOS não é para qualquer um. Se quer fazer isso com sua Equipe de Vendas, pense que o primeiro que tem que mudar é você.

Não há como mudar as pessoas, se não mudar primeiro. Tudo começa em você. Somente as coisas acontecerão se primeiro acontecer em você.

A primeira vez que li o livro O PODER DA LIDERANÇA não percebi essa parte. Li algumas vezes, mas a parte onde o autor dá dicas de que quem tem que mudar primeiro somos nós, tive que reler várias vezes para entender por completo.

Uma palavra-chave que aprendi com esse livro é INTEGRIDADE. Você sabe o que é integridade? Há vários significados, mas tem que entender que a INTEGRIDADE DE UM LÍDER COM SUA EQUIPE ESTÁ LIGADA À INTEGRIDADE QUE ELE TEM COM A SUA FAMÍLIA.

Não há como ser um LÍDER ÍNTEGRO se não é ÍNTEGRO EM SUA VIDA. Uma coisa está ligada à outra.

Há muitos líderes que agem de uma forma em casa e, de outra, na empresa. São líderes que não têm INTEGRIDADE 100% em todos os lugares. Se alguém é ÍNTEGRO, tanto faz estar em casa ou no trabalho.

Muitos líderes caem pelo fato de não serem ÍNTEGROS na Empresa. Alguns têm ótimos resultados e desempenhos, mas faltam com a INTEGRIDADE.

Você sabe qual é a primeira pergunta-chave para o exercício da liderança: QUEM VOCÊ DEVE COMEÇAR A LIDERAR PRIMEIRO? Você mesmo. Esta é a resposta.

Não há como LIDERAR alguém, se não começar a LIDERAR VOCÊ MESMO. Não há como mudar as pessoas sem você mudar primeiro. Essa é uma REGRA que funciona em todos os lugares e para todos." Comece liderando a si mesmo primeiro" - disse um dos maiores pregadores religiosos dos Estados Unidos, Thomaz Schultz, que arrastava multidões em seus sermões justamente por dizer coisas que nos "chocavam".

Certa vez, ele disse:

"... não tente mudar os outros, antes de mudar a si mesmo...".

Quando disse: "Você seguiria você?", calou mais de 20.000 pessoas em uma pregação, na região de Los Angeles.

Será que você é um LÍDER digno de ser seguido? Sei que não é uma pergunta fácil nem para mim, nem para você ou para quem quer que seja.

Lembre-se de que, quanto mais cresce a sua LIDERANÇA, mais forte será sua Equipe. Quanto mais forte for, mais forte será sua EQUIPE. Quer conhecer algo que fortalecerá ainda mais sua Liderança?

Você se interessa pelas pessoas? O grande desafio de um Líder é se interessar por todos da Equipe.

Todos na sua equipe precisam da sua ajuda. Todos, sem exceção!

Se há um DESAFIO enorme que você como líder terá que enfrentar é se interessar por todos da sua EQUIPE. Não é fácil!

Interessar-se por todos é uma TAREFA DIFÍCIL. Poucos conseguem. Sabe por quê? Nossos olhos estão acostumados somente a nos aproximar daqueles que pensam como nós. Não deixe isso ocorrer. Interesse-se por todos por igual. Quando me deparei com a minha promoção para Gerente de Vendas, senti na pele o fato de não querer me interessar por todos. Somente me aproximava daqueles que eu tinha melhor afinidade. Na verdade, até evitava os outros que não pensavam como eu.

O grande segredo para isso é: ENTENDA O QUE CADA UM VALORIZA E COMECE A TRABALHAR NISSO.

Você faz isso? Procura entender o que cada um da sua Equipe valoriza? Isso é mais do que importante para seu sucesso.

Conheço vários GURUS da Liderança, mas se tem alguém que gosto muito é Nicholas Marshall, pois tem um profundo conhecimento sobre a arte de liderar. Se há três regras para ser grande como Líder, aprendi com Nicholas:

"... se errar, admita seu erro...".

"...seja inteligente para ouvir gente inteligente...".

"... tenha um modelo de liderança para seguir. Espelhe-se em alguém bem-sucedido...". SIGA AS REGRAS DE NICHOLAS E SEJA UM GRANDE LÍDER DE VENDAS.

Capítulo 23

Comemorando as conquistas com a sua equipe

Capítulo 23

Você costuma comemorar as conquistas da sua Equipe? Qual foi a última vez que comemorou algo com sua Equipe de Vendas?

Salomon Adelson jamais deixou de comemorar algo com sua Equipe.

"...por mais que fosse sem muita expressão, eu sempre comemorei com minha equipe as pequenas e grandes conquistas".

"...sinto muito pelos Líderes de Vendas que não comemoram algo com seu time...".

"...o ato de CELEBRAR é algo que temos que ter sempre com as pessoas que nos rodeiam...".

Salomon é um grande Empresário no ramo de Imóveis. Sua imobiliária sempre vendeu muito. Ele sabe muito bem o que é começar debaixo e chegar ao topo.

Se você observar os Líderes de Vendas que celebram bastante, são verdadeiros campeões. Não há como tocar uma Equipe sem celebrarmos algo de vez em quando.

"...nos momentos de tensão, todo mundo sabe que temos que trabalhar, mas nos momentos de alegria, temos que celebrar..." —disse

Patrick Markus, especialista em vendas.

Patrick gravou dezenas de vídeos sobre motivação de vendedores.

Ele afirma que:

"...não se chega a grandes resultados sem celebrar os pequenos resultados...".

Você faz isso com sua Equipe? Costuma celebrar não somente as grandes conquistas, mas também as pequenas?

Arrume um MOTIVO para comemorar algo. Veja o que a sua equipe fez de bom, nem que seja algo pequeno e COMEMORE! Uma das melhores atitudes que um Líder de Vendas pode ter é RELEMBRAR o que a EQUIPE JÁ CONQUISTOU.

Pense nas vitórias que ocorreram no passado. Pense no que já conquistaram.

Quando você relembra as vitórias que já ocorreram, aciona algo que poucos líderes fazem que é RESGATAR AS VITÓRIAS.

Quando estive frente a frente com o Consultor de Vendas Luiz Benitez, deu para perceber o quanto ele entende de motivação de pessoas.

Ele disse:

"...é incrível como um líder não relembra o passado positivo da sua equipe...".

"...é importante relembrar aquilo que cada um já conquistou, aquilo que cada um venceu...".

"...na maioria das vezes, focamos no momento atual. Se o momento atual não está bem, ficará pior...".

Quer recuperar a AUTOESTIMA da sua Equipe? Quer que se sintam verdadeiros GIGANTES? Relembre as coisas boas que já conquistaram.

Capítulo 24

A melhor forma de aprender é ensinar

Capítulo 24

A melhor forma de aprender é ensinar. Você gostaria de continuar aprendendo?
O Grande segredo de um Líder de Vendas não é continuar aprendendo, o grande segredo é começar a ensinar.
Nunca deixe de ensinar, pois assim você nunca deixará de aprender. Jamais deixe de ensinar qualquer vendedor da sua Empresa. QUEM É O PRÓXIMO QUE VOCÊ ENSINARÁ?

Capítulo 25
Conquistando o topo

Capítulo 25

AGOSTO DE 2014. DOMINGO. FINAL DO DIA. FINAL DO INVERNO. A NOITE COMEÇANDO. Estaciono meu carro. Entro em minha casa, passo pela sala. Subo as escadas e vou direto ao meu quarto. Minha esposa está passando pelos canais. De repente, ela aciona o NETFLIX.

— Vamos assistir a um filme?– pergunta ela.
— Sem chances! Preciso trabalhar.
— Oras! O filme parece ser bom.
— Qual o nome do filme? -perguntei.
— A BOA MENTIRA.
— Não conheço. Não deve ser bom com um nome desses!
Ela insistiu mais ainda:
— Você nunca assistiu. Como pode falar que não é bom?
— Nunca ouvi falar, por isso não deve ser bom!
— Acho que você deve assistir, pois algo me diz que esse filme é bom!

Duas horas depois, estou maravilhado com o filme. O filme não é bom, é ótimo! Traduz o que é uma equipe engajada, uma equipe unida pelo objetivo e, acima de tudo, uma equipe disposta a ir até o fim para alcançar o que determinaram.

Recomendei o filme para milhares de pessoas que conheço e

recomendarei para outras milhares. A história é muito bem escrita e a frase que aparece na última cena do filme é fantástica sobre quem quer liderar. Depois que vi a frase, mudei completamente a minha forma de pensar sobre liderança. Você conhece a frase que vi na última cena do filme?

"Se quiser ir rápido, vá sozinho. Se quer ir longe, vá em grupo."
Provérbio africano

São Paulo, janeiro de 2016
Edílson Lopes
Fundador
Escola de Vendas K.L.A www.escoladevendaskla.com.br